Think by feet
足で考える

手と足で考える
吉松秀樹の言葉

本書について

「本をつくらないか」と相談すると、吉松秀樹から一通のLINEが届いた。そこには「課題本と語録本は？」とあった。それをきっかけに建築を通してかかわりのあるＡラボ*、研究室、友人など230名が記憶している吉松秀樹の言葉と、彼が大学で出題した設計課題を集めたのが、『手と足で考える』である。

本は2冊組になっている。『手で考える』には、彼の人生や仕事のターニングポイントであった35歳以上の著者の言葉にまつわる物語と設計課題が収められており、本書『足で考える』には、35歳未満の若い世代の物語が記されている。

書名には、「建築や街を自分の目で見て身体で感じることが大事。そして常に手を動かしながら考えていく」という彼の設計や人生に対する姿勢と想いが込められている。

『手と足で考える』出版実行委員

上の世代に向いて生きる人と下の世代と生きる人がいる。出世するのは前者だが、社交性に乏しい僕は典型的な後者だと思う。だから、教職を目指したけれど、自分が思った以上に向いていたようだ。

社交性のある卒業生たちから、毎週のように連絡をもらい遊んでもらった。まるで友だちのように。もちろん、相談も進路から恋愛までたくさんした。なぜか相談しやすいらしく、いろんな報告を今もしてくれる。

そんなわけで、語録を集めるときに、きっと僕が覚えていない言葉が並ぶと思っていた。だけど、集まった数百の言葉をほとんど覚えていることに、自分でも驚いた。その場所、空気、表情、気持ちなどがフラッシュバックしてくる。そんな体験ができる人は稀だろう。

学生とは、建築作品をつくるような気持ちで接してきた。きっと押し付けがましいと思った人もいただろう。でも、こんな素敵な時間と記憶を共有できるのは、卒業生たちが立派な建築作品になってくれたからだと思う。

吉松秀樹

*Aラボ
吉松秀樹と山家京子が主催していたプライベート・デザイン研究ゼミ。研究生は、公募によって選ばれた東京近郊の大学院生。デザイン研究と研究生たちの自主的な活動をサポートしていた。1995〜1999年まで活動。

*デザイン研究
研究生自身の興味に従ったテーマについて研究し、それらをビジュアルに記述することを目的としており、学術的な研究と実際的なデザインの中間を埋める領域としている。Aラボで開始し、東海大学吉松研究室でも継続された。

Contents

考える

01 手や足を使いながら考える ·····008
02 それは古いのだ、と戦う ·····009
03 素朴な疑問がいい ·····010
04 当たり前を疑うこと ·····010
05 君たちの常識 ·····011
06 建築は人間がつくることができる最も 大きいもの ·····012
07 少しの塩コショウだけで ·····012
08 建築は料理と同じ ·····013
09 良い質問だ ·····014
10 人の話に対し何も思わないのは ·····014
11 なぜなぜ君になれ ·····015
12 勝手に引いたボーダーと戦う ·····016
13 人間がつくった建築は? ·····016
14 一発屋じゃぁダメ ·····018
15 小島らしさは何? ·····018
16 プリンとして形を保つ限界点 ·····019
17 マスターベーション ·····020
18 しっかりディフェンスしろ ·····020
19 ただの基礎造形 ·····021
20 建築家のエゴ ·····022
21 話題になることが重要 ·····023
22 あれはデザインしてない ·····024
23 デザインは機能だと思う ·····024
24 その空間認識は何年も続く ·····025
25 頭で考えられなかったら ·····026
26 頭ではなく手で考える ·····026
27 あーだこーだ言葉を並べる ·····028
28 なぜだか考える ·····028
29 肉、米、卵 この3点を突き詰める ·····029
30 "なぜ?"と聞かれることで再認識 ·····030
31 常識を疑え ·····030
32 ダムの内側はどっち? ·····031
33 すでに誰かがやっている ·····032
34 とことん調べろ ·····033
35 色気とは何か ·····034
36 solidな部分とliquidな部分 ·····034
37 ハンバーガーはなぜうまいのか ·····035
38 空間とは何か ·····036
39 〈無駄〉は計画できない ·····036
40 機能は誰が決める ·····037
41 設計は決断の連続 ·····038
42 秒で!! ·····038
43 自分が毎日それだけ縮むと考えたら ·····039
44 で? ·····040
45 で? ·····040
46 結局ハコモノ ·····042
47 素直に考えることが大事 ·····042
48 その連続で面や立体が成り立っていく ·····043
49 自分の中に答えがある ·····044
50 整理できる能力も大事 ·····044
51 名前をつける ·····045
52 ポスターはただ貼るのではない ·····046
53 伝わらなければ考えなかったのと同じ ·····046
54 パネルがおしゃれ過ぎる ·····047
55 子どもでも分かる文章で ·····048
56 自分の考えを素直に書く ·····048
57 何時間もその場に留まり考える ·····050
58 そんな単純なことではない ·····050
59 なぜそこに興味があるのか ·····051
60 建築になってない ·····052
61 それは建築じゃない ·····052
62 "計画"であって"建築"ではない ·····053
63 都市のツボを突く提案 ·····054
64 自分を俯瞰すること ·····054
65 周りのものによって建築が決まってくる ·····055
66 女の子を口説くのと一緒 ·····056
67 ヒューマンスケールで考える ·····056
68 建築とは結局そういうこと ·····057
69 アイデアを出すには ·····058
70 頭で考える ·····058
71 問題を発見すること ·····060
72 どうしたら豊川に戻りたくなるのか ·····060
73 当たり前と思っていることが ·····061
74 頭ではなく手で考える ·····062
75 できているように見えちゃう ·····062
76 自分の言葉に騙されてしまうことがある ·····063

生きる

01 やりたいことができること ·····066
02 自由な時間は残り少ない ·····067
03 視野が広過ぎるとダメ ·····068
04 必ず将来やることにつながる ·····068
05 必ず建築から考える ·····069
06 みんな建築につながっている ·····070
07 自分のポジションを理解する ·····070
08 自分の立ち位置を知る ·····071
09 相手のことを知らずに結婚しないだろ ·····072
10 就職は結婚と同じ ·····072
11 大学院選びや就職は結婚と同じ ·····073
12 そこにいる人も含めた環境で選ぶ ·····074
13 環境が大切 ·····074
14 "焦らず""止まらず"前に進む ·····076
15 設計士は決める仕事 ·····076
16 悩んでも悩んでも決まらないとき ·····077
17 おまえの問題意識はなんだ? ·····078
18 問題意識をもって設計をする ·····078
19 つくる意味がない ·····079
20 基本ができなければアレンジはできない ·····080
21 シンプルは大きくすることができる ·····081
22 デザインするということ ·····082
23 良い悪いの判断 ·····082
24 正しく設計が学べる人についた方がいい ·····084
25 できないことは、恥ずべきことじゃない ·····084
26 文章を書ける人は ·····085
27 耳が聞こえない ·····086
28 マルチタスクができるように ·····086
29 人を動かすということ ·····087
30 ちゃんと感謝すること ·····088
31 学んだことを活かして社会に貢献して ·····088
32 大学院にきた価値 ·····089
33 きちんと設計をしてほしい ·····090
34 建築士と建築家の違い ·····090
35 建築家かどうかは自分で決めるんじゃない ·····092
36 建築家の究極の目標 ·····093
37 歳をとっている人の方がいい ·····094
38 えいや!って図面に描いた線 ·····094
39 図面には力がある ·····095
40 謝るのは自分へ ·····096
41 失敗したあとにどうするか ·····096
42 M2くらいの気持ちで ·····098
43 忙しいのは分かってる ·····098
44 自分が選んだ道だからつらいのは当然 ·····099
45 研究者の方が向いている ·····100
46 全然進んでない ·····100
47 なぜ進まないのだろう? ·····101
48 サラリーマンになるなら偉くなれ ·····102
49 組織とアトリエ向き ·····102
50 入社したときからエース ·····103
51 絶対に諦めるな! ·····104
52 何をやりたいのかが分からない ·····104
53 大学院受験はリベンジじゃない ·····105
54 興味のあることだけをやればいい ·····106
55 吉田が環境をつくっている番 ·····106
56 建築はゆっくりやっていいんだ ·····108
57 まだまだ若い ·····108
58 とりあえず10年やってみたら ·····109
59 とりあえず付き合ってみる ·····110
60 とりあえず青山を切り刻んでみたら ·····110
61 設計するということ ·····111

遊ぶ

01 点と点は、線でつながる ·····114
02 ヒントは他愛もない話の中にある ·····115
03 興味を体感し、知識へとつなげる ·····116
04 常識を一度崩して ·····116
05 食ってみろよ! ·····117
06 大事なことは楽しむこと ·····118
07 思ったより良い場所だった ·····118
08 僕は夢で空を飛べる ·····119

言葉にまつわる物語を、「考える」「生きる」「遊ぶ」「愛する」に分けて収録した。学生、社会人、建築家、教員、あるいは親としての著者たちの今に、どのようにつながっているかが記されている。

09 自分の常識を超える	…120
10 赤道直下は建築に影がない	…120
11 無駄な時間をどう過ごしていくか	…122
12 研究室には入れない	…123
13 彼女はトリプルスリー	…124
14 一級建築士と結婚	…124
15 楽しいことがずっと続いていくこと	…125
16 結婚は急がない方がいい	…126
17 結婚は2年、せめて1年経ってから	…126
18 まだ結論を出さなくていい	…127
19 マジメ過ぎておもしろさに欠ける	…128
20 建築にアクがない	…128
21 ムダをつくることも必要	…130
22 構造は光だ	…130
23 甘い・酸っぱい・辛いが一気にくる	…131
24 素直に伝える方がいい	…132
25 全員が王の建築を好きでなくてもいい	…133
26 手が動かないからな〜	…134
27 もっとできると思ったのに	…134
28 できるはずなんだけどな〜	…135
29 しんど	…136
30 心してかかれ!	…136
31 塩パスタが一番安い	…137
32 決断する勇気が必要	…138
33 決断する勇気が必要	…138
34 なぜだか考える	…140
35 考えないで動くからなぁ〜	…140
36 なぜつまらないのかと考える	…141
37 あれは酷かったよなー!	…142
38 おっ! いーねー!	…142
39 あはははは	…143
40 筋肉ばか	…144
41 お買い物1号2号	…144
42 フォワード2トップ	…145
43 いったんリセット	…146
44 忙しいときでも化粧をしろ	…146
45 一次情報を大事にしろ	…148
46 動いてみながら考える	…148
47 美味しいケーキをひとつ食べた方がいい	…149
48 ちょっと面倒くさいなぁ	…150
49 おもしろいなあ〜、もっと自分らしく	…150
50 楽しい提案は楽しんでいる人からしか 生まれない	…151
51 ホラーだよね	…152
52 一番の問題作です	…152
53 模型が下手でも大丈夫	…153
54 すごく頭のいい人は建築には向いてない	…154
55 建築には無駄が必要だから	…154
56 で?	…156
57 ふむ	…156
58 だって美しくないもん	…157
59 また太ったな!	…158
60 しっかりしてなさそうで、しっかりして そうで	…158
61 お笑い枠	…159

愛する

01 素直な"好き"をエネルギーの根っこに	…162
02 天国みたいだな	…163
03 勉強できるって才能なんだよ	…164
04 もっと世界に羽ばたけ	…164
05 勉強を続けてほしいな	…165
06 決断をすること	…166
07 体だけでもこい	…166
08 逃げるな	…167
09 建築をやめないでほしい	…168
10 大丈夫だよ やりたいことをやれば	…168
11 同じ会社で働き続けること	…170
12 厳しい職場じゃないとな	…170
13 辞めずに続けているってこと	…171
14 自分が何に悩んでいるのか	…172
15 僕は芝山の方が好きだったな	…172
16 悩むことも才能	…173
17 豪速球投げればいい	…174
18 それでいい	…174
19 丸山らしさは何?	…175

20 "素直"に自分の興味を見つめる	…176
21 素直になるには	…176
22 人間のための空間であるべき	…178
23 "友だちの家のような"役場がほしい	…178
24 本当の建築家	…179
25 悩んでいるくらいならやめてしまえ	…180
26 こんなトイレならない方がマシだよ!	…180
27 シンプルな設計をしてほしい	…181
28 最後に建築にならなくてもいいんだよ	…182
29 今、曽根田の敷地にいる	…183
30 世に自分の作品が残せればいいんだよ	…184
31 もっと自信をもて!	…184
32 ○○を卒業させてほしい	…186
33 ゼミ旅行は中止です	…186
34 ダメ 無理矢理つくる	…187
35 おまえの完成模型	…188
36 力が抜けている	…188
37 よくつくってきたな!	…189
38 絶滅危惧種	…190
39 表現を変えればもっと伝わるのに	…191
40 分からないことを分かること	…192
41 こういうことだよ	…192
42 日本語がよく分からない	…194
43 もうムリ もうダメ	…194
44 分かる? 言ってること?	…195
45 この作品の優れたところは…	…196
46 泥臭くエネルギッシュな作品	…196
47 1年生らしくていいね	…197
48 小林なら大丈夫だよ	…198
49 きっと大丈夫	…198
50 人生最後にはうまくいく	…199
51 二人はいつも裸足だよね〜	…200
52 時間の経過とともに二人らしい空間に	…200
53 とても嬉しい報告	…202
54 建築ができたら呼んでくれ	…202
55 君たち卒業生200名は、僕の"建築作品"	…203
編集後記	…204

言葉にそえて、東海大学吉松研究室のゼミ旅行や海外サーベイ風景のほか、海外研修や日本女子大学、Ａラボなどでの写真をランダムに載せている。

Think

考える

―考える01―

手や足を使いながら考える
Think using your hands and foot.

抽象的な思考で考えを詰めていくことは難しい。相手に伝えるためにも具体的な形にすること。考え始めると手が止まりがちな自分に、忘れないよう、いつも言い聞かせている言葉。設計の仕事に限らず、悩み、行き詰まったときには、この言葉が前に進むための手がかりになっている。
高野菜美（建築設計／東海大吉松研10期生）

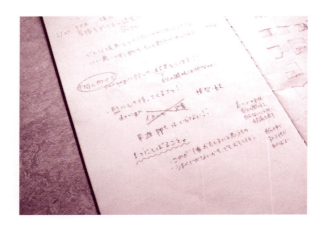

Passage

―考える02―

それは古いのだ、と戦うべきである
You should fight against the professor, that is old.

建築について考えて考えて考えるように教えられた。ときには「何が言いたいのか意味不明！」と厳しくもあったが、考えたことにはいつでも真剣に耳を傾けてくれた。この言葉は、大学院の設計課題に苦悩していたときにもらった。私の作品に対するある講評に「その思想は古い」と言い切る姿は目から鱗の気持ちだったが、私を強く励まし肯定してくれた。この存在があってこそ、心がポッキリ折れずに建築を続けられたのだと思う。

脇本夏子（東環境建築研究所／日本女子大2007年吉松スタジオ）

―考える03―

素朴な疑問がいい
A simple doubt is good.

卒業設計キックオフ後、夏休み明けのゼミでの言葉。みんなの題材の発表を聞いたあと、「当たり前のことに疑問をもつこと」と総括で言われたが、与えられたことを鵜呑みにせず、「自らこれでいいのか？これが正しいのか？」と常に考えながら生きることだと解釈した。結果、設計だけでなくて日常に活かされている。
半田千尋（建築設計／東海大吉松研15期生）

―考える04―

問題意識は自分の中の当たり前を疑うこと
You should doubt the obvious in yourself for problem consciousness.

授業やゼミで投げかけられる質問に、何度も自分の「当たり前」を崩され、見つめ直させられてきた。残るのは自分が感じる素直な思いや疑問。それを見つめ直すことで伝えたい想いのこもった提案ができ、何より楽しく設計に取り組めた。卒業設計に向けてさまざまな意見に囚われ、考えが硬くなっていたとき、この言葉で、もっと自分が見た世界を素直に伝えよう、楽しむ気持ちをもとう、とつくることに対する想いを新たにした。
熊谷亜耶（アクセサリー製造／東海大吉松研13期生）

君たちの常識は親の常識、親の常識は祖父母の常識

Your common sense is common sense of parents. Common sense of parents is common sense of grandparents.

大学とは、幼・少年期に常識だと刷り込まれてきたことを疑い、自分自身で問題意識をもって日常生活を送る場所なのだ、と知った言葉。この言葉のおかげで、現在では自分の考えに自信をもって話すことができ、最近では上司にも意見をしながら仕事を進めることができている。
出澤雄太（建築設計事務所／東海大吉松研17期生）

―考える06―

ものづくりにはいろいろあるが、建築は人間がつくることができる最も大きいものである
There are various things in manufacturing, but architecture is the greatest thing a human can make.

ゼミのときに度々言われていた言葉。当時は当たり前のことだと思っていたが、現在、材料納品の立場で設計者、管理者、施工業者など多くの人と建設業務に携わる中で、ひとりではつくれない建築の魅力、大きさを感じるとともに、この言葉を思い出す。
浅野目裕介（建材商社／東海大吉松研12期生）

―考える07―

少しの塩コショウだけで、劇的に美味しくなる料理
The dishes changed dramatically by little salt and pepper.

「大きくて立派な建築を建てるという卒業設計もあるけど、簡単な操作や小さな建築でも街が本来もつ魅力を最大限に活かし、その街を生まれ変わらせることができるんだよ。美味しい素材の魅力を引き出すときの、少しの塩胡椒のように」――当時、よく料理に置き換えて指導してくれた。料理というまったく別のものに置き換えたのに、不思議と辻褄が合っていた。行き詰まったときは別の視点から考えることで考え方に振り幅ができ、先に進めることを教えてもらった。
黒岩友紀（建設会社／東海大吉松研10期生）

建築は料理と同じ
Architecture is same as cooking.

研究室にいたころは、自分でも自覚しているほど図面が描けなかった。そんなとき、建築を分かりやすく料理にたとえて教えてくれた。食べたことがないものはつくれないのと同じで、見たことも体感したこともない建築はつくれない。建築の図面は料理のレシピと同じで、つくり手が見て再現できる内容を描くのだと。今でも実施図面を描いているときに分からないことがあるとこの言葉を思い出し、街に出かけてどうできているのか、実際に見てつくり方を学んでいる。

小川ルビ（設計事務所／東海大吉松研16期生）

―考える０９―

良い質問だ
That's a good question.

ゼミでの言葉。いつも学生のプレゼン後に「攻撃しろ」と嬉しそうに話していた。頭をひねって絞り出した質問より、自然と湧いたシンプルな質問のほうが良かったりするのだ。
内藤もも（インテリアデザイン／東海大吉松研19期生）

―考える１０―

人の話に対し何も思わない、質問できないのは、自分の知識が劣っているからである
Feeling nothing from people's talk or you can not question, that is because your knowledge is inferior.

誰かの発表に対して質問させる、あのゼミのスタイルだからこそ生まれた言葉であると思っている。相手の話を聞きながら質問を考えると、内容の理解も深まるし、質問が見つからず自分の勉強不足を痛感することもある。今思うと、人の話に限らず、建築作品を見たときにも同じことが言えるのではないかと感じている。
増井裕太（設計事務所／東海大吉松研13期生）

Passage

―考える11―

なぜなぜ君になれ
Be a question kid.

私にとってスタジオの課題は、自分の感覚に対して「なぜ？」と自問自答し、考えて考えて突き詰めていくことを教わるものであった。そうして進んだ先には人それぞれに異なる発見があり、そこから生まれる建築にはある力強さが宿ることを知った。「なぜなぜ君」とは、思考する人のこと。今でもふとしたときに思い出すこの言葉は、私の建築人生の原点なのかもしれない。
進藤理奈（設計事務所／日本女子大2007年吉松スタジオ）

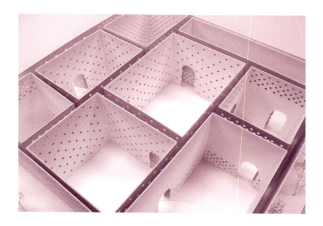

―考える12―

自分たちが勝手に引いたボーダーと戦うことが大切
It is important to fight against the borders that we did intentionally.

自分の価値観の中でしか答えを出せないでいたとき、ゼミで言われた言葉。建築をつくる上で、できないと思っていることにできる限り意識を向け、どうしたらいいのか考えるきっかけとなった。
寳優樹（建築設計／東海大吉松研18期生）

―考える13―

アリがつくったアリの巣が自然なら、自然の一部の人間がつくった建築は？
If the nest of ants made by ants are nature, what is the architecture made by people of nature?

卒業設計期間のゼミでの言葉。それまでは「建築＝人工物」という図式に対して疑問すら感じていなかったが、そんな根本的な部分から建築に対して疑問をもち、挑まなければならないのだと考えさせられた言葉。この言葉のおかげで、普遍的であるかのような部分にこそ大きな気づきがあり、そこに「新しい建築」があるはずだと信じている。
名畑碧哉（建築設計／東海大吉松研18期生）

―考える14―

一発屋じゃぁダメなんだよ
One-fit wanderer is useless.

研究室に入るための面談での一言。たまたま評価の良かった作品を持って面談に行き、完全に図星で何も言えなかったのを覚えている。建築についてよく考えていなかった私の知識の足もとはかなり弱かった。努力し、何事も積み重ねていくことが大切なんだと教わった。何かがうまくいったとき（いかなかったときも）この言葉を思い出す。ふわふわした私を着地させてくれる言葉。
安藤晋一郎（サービス／東海大吉松研9期生）

―考える15―

小島らしさは何？
So? What is your identity?

奇抜なアイデアを求めるあまり、空回りしていた自分がいた。当時は、ジャンプし過ぎている自分に、なかなか気づけず、よく怒られた。小さなテーマやアイデアから少しずつ積み上げて良いものをつくることの大切さを、社会人になって実感している。自分らしさを追い求めることは、僕の一生のテーマである。
小島尚（建設会社 生産技術／東海大吉松研9期生）

プリンがプリンとして形を保つ限界点を探るような気持ちで
Assume finding a limit of keeping the shape as a pudding.

過去の学生の実験的な建築のつくり方を一例にした一言。建築をつくるためのモチベーションはさまざまな角度から、自由に、自分に正直に、素直につくるということ。それを受け、当時カチカチに固まった頭、思考を、プリンのようにフニャフニャに柔らかくされた。
横溝惇（設計事務所共同主宰／東海大吉松研7期生）

―考える１７―

おまえのやってることなんかマスターベーションと変わんねーよ！！
What you are doing is just satisfying yourself.

卒業設計のコンセプトづくりに悩み、深い思考のないまま形遊びをしていた私に対して、「建築は社会性やプログラムを考えた末に形づくられるもの。独りよがりになるな！」という意味で言ってくれた、ありがたい言葉。その日から怒涛の設計に入り、なんとか卒業することができた。
高岡尚史（大手組織設計事務所／東海大吉松研7期生）

―考える１８―

しっかりディフェンスしろ、オフェンスはそれから
Defense tightly first, then offense.

設計課題やコンペを通じて、コンセプト先行の設計に対してよく言われた言葉。構造物として成立しているのか、クライアントの要望にすべて答えられているのか、その建築で何が提案できるのか、設計作業は常に自問自答の繰り返しであり、その積み重ねは楽しくも根気のいることだと気づかされた。建築を離れ、別の商品を提供しているが、顧客に満足してもらうためにやるべき工程は、設計業務と何も変わりないと思っている。
上村拓（バーテンダー／東海大吉松研11期生）

―考える1日―

ディフェンスのない卒業設計はただの基礎造形である
Graduation without a defense is just basic formative design.

卒業設計提出2カ月前の言葉。ただただ、自分のコンセプトに合う形を模索していた。当時は形が楽しければいいだろうと思っていた。働き始めた今になって思う。確かに形のおもしろさも大事だが、実際にその場所がどのように使われるかなど、利用者の目線になって考えることのほうがより大事なのではないかと。行き過ぎた形はときに利用者に不便さを強いてしてしまう。この言葉は、建築とは誰のためにあるかを考えるキッカケとなった。
桜井省吾（設計事務所／東海大吉松研14期生）

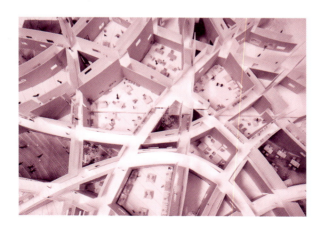

―考える20―

広場をつくれば人が集まると思うのは、建築家のエゴだ
It is an architect's ego to think people would be at a place as it is designed to be.

確か講評のときに言われた言葉だと記憶している。建築に責任をもち、立ち向かうことが必要だと初めて気づかされた瞬間だった。建築のもつべき社会性や機能性に真摯でなかった態度を見透かされたのかもしれない。それ以来、芸術の力と建築のもつべき魅力を信じ、自分の建築が少しでも人のよりどころになることを目指して、都度この言葉に立ち返る。
水野悠一郎（設計事務所／東海大吉松研8期生）

Passage

―考える 21―

建築は話題になることが重要である
Architecture is important to be talked about.

雑誌に載るような奇抜な提案が重要だと学生の間は解釈していたが、本当は「建築がそこにあることで、誰かが何かを考えるきっかけになることが大事」という意味だったのだと、今は考えている。住宅設計の機会が多いが、建築を通してその場を取り巻く状況や環境、感覚を敏感に捉え始められたり、解像度を上げ始められる状況を生み出せたとき、住宅であっても十分に公共性を帯びると思う。建築がもつ力も責任も凝縮した一言が、良い緊張感を与えてくれる。

増田裕樹（設計事務所／東海大吉松研13期生）

―考える22―

あれはデザインしてない　デザインとは言えない
That is not designed, you can not claim that this is a design.

2016年3月、桜が満開の井の頭公園で、私達日本女子大学の学生との花見会が開かれ、卒業設計について話していた、そのときの一言。この言葉をもらったあと、研究室のプロジェクトや就職活動のときも、ひとりのデザイナーに成り切って、必死に「デザイン」を試みた。今後も「デザイン」と向き合っていく際に、必ずこの言葉と対峙しながら進んでいきたい。
中島由貴（日本女子大大学院修士2年／日本女子大2015年吉松スタジオ）

―考える23―

デザインは機能だと思う
I think the design is a function.

卒業設計のときにもらった言葉。そのとき僕はデザイン性の高い建築を好んでいた。デザインは無駄であり、その無駄こそが建築の魅力であると考えていた。しかしデザインは建築に必要な機能である、という考えを知り、建築におけるデザインの考え方が変わったように思う。
吉野翔太（大学院／東海大吉松研19期生）

—考える24—

真四角の中で生活はできるけど、ちょっと角が丸い方がいいかもしれない　施工費がかかるけど、それによって精神的魅力を感じることができるのであれば、その空間認識は何年も続くわけだから、1割くらいならって考え方もある　デザインの意味と価値を考えること

Although you can live in the rigid squares, but it may be better making its corner a bit round. It may cost more, but if you can feel mentally comfortable, spatial recognition will lasts for years, so you can think 10% cost rise worth while. You have to think about the meaning and value of your design.

社会人1年目に初めて自分がデザインしたものは、少し施工費がかかるデザインであった。しかし、この言葉を思い出しながら、デザインの意味を施主に力説したことで採用された。建物が竣工してから子どもたちが楽しく遊んでいるという話を聞き、諦めなくて良かったと実感した。これからもデザインの意味や価値を楽しく考えられる設計者を目指したい。
落合拓也（建築設計事務所／東海大吉松研14期生）

─考える２５─

頭で考えられなかったら手を動かせ
When your brain can not think, move your hands.

卒業設計のとき、まったくみんなについていけず、うだうだと難しい言葉を並べて怒られたときの一言。手を動かすから見つけられることもあると気づいたのは、働き始めてからだった。難しい言葉を並べるのではなく、自分の理解していることをきちんと説明できれば良いのだ、と今の組織に来てからよりそう思うようになった。
大澤篤史（組織設計事務所／東海大吉松研10期生）

─考える２６─

頭ではなく手で考える
Think by hands not brain.

デザイン研究でも卒業設計でも前に進めなくなっていたときの言葉。当時は精一杯で、結局、手ではなくパソコンや本を前にして頭でばかり考えてしまっていた。手や体を動かして等身大の想いや違和感を早く形にできていたら、もっと違った時間になっていたのではないかと思うと後悔が残る。
丸山紗季（リフォーム設計／東海大吉松研18期生）

―考える27―

自信がないから、あーだこーだ言葉を並べる
The reason you explain things with complicated words is the evidence of lacking your confidence.

卒業設計のテーマを決められずにいた自分に対しての言葉。贅肉を削りに削って最後に残ったものがテーマになるんだ、と。その瞬間、コンパクトにまとめることの難しさを思い知った。今では仕事で本質を見失いそうになると立ち返ってみるようにしている。
力石和之（建築設計／東海大吉松研10期生）

―考える28―

なぜだか考える
Think of the why.

学部3年の授業のときから今までで、一番よく言われた言葉。とてもシンプルではあるのだが、それゆえに自分の思考や設計の未熟さ、曖昧さが明らかにされてしまう一言であった。
杉江隆成（大学院／東海大吉松研19期生）

うまい炒飯をつくるには、肉、米、卵　この3点を突き詰めるべき
To cook a delicious fried rice, pursue meet, rice, and egg.

デザイン研究で、あれもこれもとまとまりのない分析をしていたときの言葉。分析はシンプルに。範囲を絞る。当たり前ながら、今でも何か始める前にはこの言葉をまず自分に言い聞かせるようにしている。
中西智子（設計事務所／東海大吉松研11期生）

―考える30―

自分の常識を疑うこと　人に"なぜ？"と聞かれることで再認識できる
Doubt your common sense. You will recognize when someone asks you "Why?".

日常の中に存在しているものに対して、常に「なぜ？」と疑問をもって生活すると、段々と周りの見え方が変わり、新たな疑問が生まれる。また、自分の考えを相手に話し、問いかけることで、自分の理解の深度が認識でき、着目点の相違から新たな発見が生まれる。些細な意識のもち方の違いによって何倍もの情報が得られるのだと感じた。
小野里紗（建築設計／東海大吉松研18期生）

―考える31―

常識を疑え
Doubt your common sense.

卒業設計のテーマが今ひとつ明確にならない自分に向けられた言葉。当たり前だと思っていることを疑ってみることで、何とかテーマを見つけ出すことができた。社会人になった今でも、特に新しい提案を求められるときは無意識のうちに疑い、考えることがある。オリジナリティを見出すときの支えとなる言葉。
桜井悠一（建設会社 建築設計／東海大吉松研9期生）

―考える32―

ダムの内側はどっち？
Which side is the interior of a dam?

「建築にコンセプトは書かれていない」——建築の空間体験は、一人ひとり多様な解釈ができるからおもしろい。硬いものを柔らかく感じることもあるし、遠いものを近く感じることもある。内側と外側も、主体をどちらに置くかで変わってくる。まるでマジック！建築っておもしろいなぁと思ったきっかけ。

坂田旭（設計事務所／東海大吉松研9期生）

―考える33―

君たちが思いつくことは、すでに誰かがやっている
Any idea you come up with is already done by someone else.

単なる思いつきは案にはならない。自分が思っていること、こだわっていることが類似例といかに違うのか突き詰めることで、オリジナルのものにしていくのだと教わった。考えるより先に模型をつくっていた私は「考えてからつくれ！」とよく怒られ、調べるクセがついた。社会人になってこのクセは重宝している。建築だけでなく、何かを発想するときには、リサーチがベースにあると思っている。
北澤諒（建設会社 建築設計／東海大吉松研9期生）

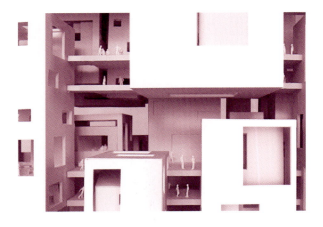

Passage

―考える34―

とことん調べろ、辞書を引け
Fully examine it. Look up a word in a dictionary.

ゼミのときに何気なく言われた（怒られた）言葉だったけれど、修士に進んでからや今になってその大切さを思い知った言葉。言葉の意味をちゃんと理解することで自分のやりたいこと、設計したいものが見えてくるのだと分かった。今でもプロポーザルや設計するときは辞書を引いて取り組んでいる。
大澤篤史（組織設計事務所／東海大吉松研10期生）

―考える３５―

色気とは何か　魅力とは違うのか
What is charm? Is there something different from attractiveness?

「色気」、最初の卒業設計のテーマである。結局質問の答えが見つからずテーマを変え、卒業した。だが、あのとき建築に感じた「色気」は確かにあった。今は、職業柄、デザインはしていないけれど、建築の「色気」とは何かについて今でもよく考える。社会人になり、今年で6年目。この6年の経験でもう一度「色気」について考え、質問に答えられれば。建築における「色気」とは。
相良和彰（プラント設計／東海大吉松研14期生）

―考える３６―

建築はsolidな部分とliquidな部分を考える必要がある
You need to consider both solid and liquid part in architecture.

学部2年の課題で初めてエスキースを受けたときにもらった一言。それまでは、わりと具体的でイメージのしやすい言葉でエスキースをしてもらっていたが、いきなりの抽象的な言葉に高揚と戸惑いがごっちゃになったのを覚えている。
高岡尚史（大手組織設計事務所／東海大吉松研7期生）

Passage

―考える37―

ハンバーガーはなぜうまいのか
Why hamburger is delicious?

卒業設計のエスキースのとき、良い題材が見つからず、一向に進展のない自分に対して言われた言葉。具材を単品で食べるのとは違った旨さ（魅力）がハンバーガーにはある。既存のものを組み合わせて、まったく別の魅力をつくることも建築家の大切な能力のひとつなのだと気付かされた。現在もハンバーガーのような魅力的な組み合わせがないか、建築の中に探している。
力石和之（建築設計／東海大吉松研10期生）

―考える38―

空間とは何か
What is space?

突然こんな問いかけをされた。考えたこともなく、意表を突かれた。建築とはそもそも空間をつくることであり、その建築の根源を考えるべきだということだったのだろう。この問いかけで自分は考えるきっかけをもらった。建築士である限り考え続けなければいけないことであろう。未だ答えは出ていない。

中野諒八（ゼネコン設計／東海大吉松研18期生）

―考える39―

〈無駄〉は計画できない
No waste can be planned.

代官山の賑わう通り沿いに、「ウララ」という住宅の庭を屋外のカフェにした場所があった。建物の間から入るアプローチとその先に広がる空間は、隠れ家のような魅力がある。この魅力を建築でつくり出せないかと考え、悩んでいたときの言葉。その空間は、都市がつくり出した都市の〈無駄〉であり、計画されてできたものではないから魅力的なのだと気づかされた。それから、場のもつ力をデザインすることはできないだろうか、と考えるようになった。

山川夏輝（建築設計事務所／東海大吉松研19期生）

Passage

―考える40―

機能は誰かが決める　良い場所なら
Function will be decided by someone, if it is a good place.

卒業設計で機能がないものを提案したいと思っていたが、空間には必ず目的があってカタチがあり、機能があるものだとも思っていた。しかしそうではなく、結果的に機能ができるかもしれない、良い空間があれば誰かが使うし、必ずしも設計者が示す必要はない、ということを考えさせられる言葉であった。
山川夏輝（建築設計事務所／東海大吉松研19期生）

―考える41―

設計は決断の連続　どんなに長い時間考えても、決める瞬間は一瞬
Design is a series of decision. No matter how long you think, the time you decide is a moment.

ものすごく速いスピード感と過密スケジュールの中で設計をしている。そのような状況で手が止まってしまったときに、いつもこの言葉を思い出す。気をつけているのは「作業」にならないようにすること。短い時間でもしっかり考え、良い決断を積み重ねて設計していくことを心がけている。
堀野健一（建築設計／東海大吉松研6期生）

―考える42―

秒で！！
In a second!

卒業設計のエスキースはすべてLINEでやり取りをしていた19期生にとって、辛辣なコメント以上に返信スタンプの威力は大きい。中でも「秒で！！」と書かれたうさぎのスタンプは、卒業設計中（おそらく）もっとも多く使用された。このスタンプがくると気持ちが駆り立てられ、19期生が一丸となって集中して作業していたように思う。
東海大吉松研19期生一同

Passage

―考える43―

自分の身長を卒業設計の提出日までの日数で割ると、1日あたり〇〇センチ　自分が毎日それだけ縮むと考えたらビビるだろう？

One day per 〇〇 cm if you divide your height by the total days you have left until deadline. Don't you get scare if you shrink 〇〇 cm every day?

正直、なぜ身長を縮ませるというたとえを使ったのか分からなかったが、手が動かなかった自分が恐怖するのに十分な説得力があった。社会に出て仕事の期日や要望が変わる度に、急に縮んでしまうのか！と思いながらも、手は動いている。
吉田圭吾（建築設計事務所／東海大吉松研8期生）

admin　2016/12/07 (Wed) 00:57:48

過ぎてしまってけれど、恒例の7週間前警告。良く読んで状況を理解する。もう挽回は出来ない。

分かりやすいように日時を追加。小柄な女性ver.も。
　　　　7週間前　12/03（土）175cm/154cm
6週間前　12/10（土）150cm/132cm
5週間前　12/17（土）125cm/110cm
4週間前　12/24（土）100cm/88cm
3週間前　12/31（土）75cm/66cm
2週間前　01/07（土）50cm/44cm
1週間前　01/14（土）25cm/22cm
0週間前　01/21（土）0cm/0cm

＊＊＊＊＊＊＊＊＊＊＊＊＊＊＊＊＊＊＊＊＊＊＊＊＊＊

君たちは状況を理解しているのだろうか？
提出まであと7週間！3年の1課題程度。(しかもお正月を休まない人はいない)

もし今日身長が175(154)cmなら、これから1週間になんと25(22)cmずつ縮む。来週の今日は150(132)cm。2週間後は125(110)cm。目標のクリスマスイブには、100cmぐらいしかない。そんなスピードで時間が減っていく。悩んでいる時間は全くない。すぐに作業に入り、図面や模型をバリバリ作りださなければ、よい結果は到底得られない。

―考える44―

で？
So?

これを言われた瞬間の血の気が引く感覚は今でも忘れられない。つい、いつも「で？」と自分に言い聞かせる癖がついてしまった、偉大な一言。
横溝惇（設計事務所共同主宰／東海大吉松研7期生）

―考える45―

で？
So what?

卒業設計のゼミで、それぞれの問題意識について発表していたときのこと。同期のひとりが「友だちの友だちはみんな友だち」という迷コンセプトで笑いを取ったあと、この一言でゼミの空間が一瞬にして緊張感に包まれた。本質を問われる愛の言葉。でもマジで怖い。
宮澤祐子（東京都職員／東海大吉松研7期生）

040

―考える46―

結局ハコモノがやりたかったの？！
Did you want to make a ordinary public building after all?

卒業設計で、ニュータウンの中にインスタレーションのような空間を点在させて、街を活性化する提案を模索していたときの言葉。図化することばかりに気を取られ、ハコモノにしか見えないものになっていた。空間をつくるプロセスをもっと大事にし、そこに建築となりうる要素を肉づけするべきだった。結論を急ぎがちなときに思い出す言葉である。
藤井啓和（建設コンサルタント／東海大吉松研6期生）

―考える47―

素直に考えることが大事　"なぜいいのか？"を考える　ゴールのイメージをもつこと
It is important to think honestly for design. Then think of why this is good. You should have a goal image of your design.

常に言われ続けた言葉。たまに複雑に考え過ぎて、アイデアがまとまらないと忘れてしまっていることもあるけれど、建築だけではなく人生においても、この言葉を思い出し、考え続けて行きたいと思う。
落合拓也（建築設計事務所／東海大吉松研14期生）

Passage

―考える48―

点と点を結ぶことで線になり、その連続で面や立体が成り立っていく

By connecting the dots, it becomes a line, and continuation of it make the surface and it becomes a solid.

卒業設計のテーマを決める過程で悩み続けていたとき、ただただ情報を小出しにしているだけで、何もストーリーがないと指摘された。これがきっかけで話の展開や自分がどこに向かっていきたいのかを決められたのだと思う。社会人になった今もこの言葉を思い出し、自分はどうしたいのかをいつも考えている。

高橋昌大（建設会社／東海大吉松研14期生）

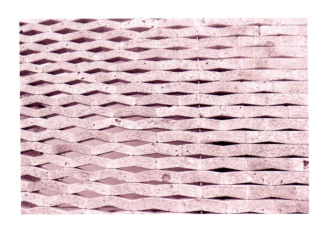

―考える49―

自分の中に答えがあるはず
The answer is in your mind.

卒業設計が思うように進まず、悩んでいたときに言われた言葉。アイデアは、思考と分析の積み重ねによってつくられていくものだと気づいた。
坂田顕陽（自治体職員 建築職／東海大吉松研8期生）

―考える50―

アイデアを出せる能力だけでなく、整理できる能力も大事
It is important not only the ability to draw ideas but also the ability to organize.

学部1年のころからずっと、「全部載せ」だと言われてきたため、整理するということが一番の課題だ——と感じていたときにもらった言葉。たくさんアイデアがあるということは、たくさんの引き出しがあるということ。そのときに最適なものを使えばいいのだ、とも聞いた。自分の個性を最大限に発揮できるような整理の仕方を、自分自身で模索し、発見したい。
小野里紗（建築設計／東海大吉松研18期生）

Passage

―考える51―

名前をつける
Give the scheme a name.

卒業設計中のゼミで言われた言葉。ストーリーから提案へとシフトする時期で、とにかくアウトプットに徹していた私。出したアイデアにそれぞれ名前をつけるよう、アドバイスをくれた。名前をつけることで愛着が湧き、アイデアの一つひとつが整理された思考の山に変わった。今では名前つけが習慣化しており、自分の考えを説明するツールとして役立っている。
大沼由実（ゼネコン 意匠設計／東海大吉松研16期生）

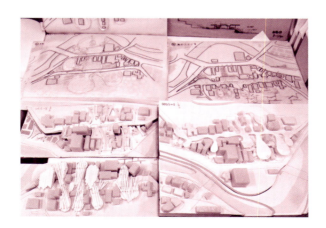

―考える52―

ポスターはただ貼るのではない　ちゃんとルールがある
The poster is not just posted. There is a proper rule.

学部4年のときに研究室で聞いた言葉。当時はあまり理解していなかったが、美術大学の大学院に進学し、修士の作品をどう展示すれば相手に届くのか、どこにどの写真や絵を貼るのか、また貼るものの高さや枚数、間隔などの細かいところまで試行錯誤を重ねることができたのは、この言葉が心の中にあったからだと実感している。
四本美紀（設計事務所／東海大吉松研17期生）

―考える53―

伝わらなければ考えなかったのと同じ
If it doesn't understood by others then it is same as no thoughts.

もともと自分の考えを人前で発表することが苦手な上に、あれもこれもと欲張り、何を一番伝えたいのか本質が分からなくなったときに言われた言葉。今でも混乱してパニックになりそうなときはこの言葉を思い出し、お客様に伝わりやすいようにシンプルな言葉を使うよう心がけている。
丸山佳奈子（ハウスメーカー インテリア／東海大吉松研9期生）

Passage

―考える54―

パネルがおしゃれ過ぎる
The panel is too stylish.

町工場を題材にした卒業設計をしていたが、プレゼンのパネルのデザインと提案の内容がマッチしていなかったときの言葉。町工場の雰囲気を表現しなかったことに気づかされた。状況に応じた表現を心がけるようになった。
三木友親（建築設計／東海大吉松研15期生）

―考える５５―

難しい言葉でごまかすのではなく、子どもでも分かる文章で伝えること
Don't cheat by using complicated word, tell simple sentence even a child can understand.

堅苦しい単語を並べることは、自分が伝えたいことを理解できていない証拠である。分かりやすい文章を書くことは、自分の考えも明確にしてくれる。この言葉は文章だけでなく図面を描くときも意識している。
山田匠（建設会社／東海大吉松研11期生）

―考える５６―

無理に書類を書こうと思わず、自分の考えを素直に書くことから始める
Start by writing honestly on your thoughts. Don't just force yourself to write a document.

横浜「象の鼻テラス」で卒業設計展を企画する際の言葉。自分の気持ちがこもった言葉の方が相手に伝わるのだ、と社会に出た今、深く理解した。研究室で過ごした3年間に、質問に対する的確な回答ができず、「日本語が弱い」などとよく言われた。そんな私だからこそ、ちゃんと伝えたいポイントをおさえることが大事！と意識するようになった。
板部奈津希（建設コンサルタント／東海大吉松研14期生）

―考える57―

何時間もその場に留まり考える
Think for hours staying on the spot.

卒業設計のテーマに対する問題意識をどうもつべきか分からず、悩んでいたときに言われた言葉。早速、卒業設計の敷地に選定した自分の原風景である小学校に足を運び、一日中過ごした。そのおかげで「自分の中の原点」が分かり、方向性を見つけることができた。今でも進む道に迷ったりするが、原点に戻り自分が何をしたいか、何を誰のために提案しているか、をよく考えることを大切にしている。
渡邊健太（建築設計事務所／東海大吉松研14期生）

―考える58―

そんな単純なことではない　けれどそれを考えなくなったら終わり
It is not so simple, you should keep thinking about it.

卒業設計に向けてテーマ発表をした際の言葉。建築と自然との「共生」をテーマにしようと思い発表したが、浅薄な提案に対し厳しい評価を受けた。しかし最後にこの言葉をもらい「難しいテーマだけどこのままでいいんだよ、もっと突き詰めていけ」と背中を押してもらった気がした。この言葉のおかげでテーマを変えることなく卒業設計を乗り切ることができた。
中丸大輔（住宅メーカー／東海大吉松研10期生）

Passage

—考える59—

なぜそこに興味があるのか考える
Think of a reason why you are interested in it.

卒業設計が都市計画案だった私にかけてくれた言葉。とてもシンプルな言葉であるが、行き詰まったときに原点に戻って考える重要さを気づかせてくれた。
黒岩友紀（建設会社／東海大吉松研10期生）

―考える60―

建築になってない
It's not an architecture.

と言われ、どうしても自分の考える空間をつくれず、当時の私は逆に建築をつくらないでやろう、と反発していた。私を悩ませないで！と本気で思っていた。建築の考え方は、他分野の仕事でも思わぬところで役に立っている。でも建築は本当に難しい…。
金子玲子（主婦・フリーデザイナー／東海大吉松研9期生）

―考える61―

それは建築じゃない
It's not an architecture.

学部の設計課題から卒業設計まで、ずっと言われていた気がする。ゼミ中に「建築とは何か答えてみろ」と言われても、きちんと答えられなかった。だけど建築じゃないと言われると、新しいものをつくれた気がして実は嬉しかった。未だに「建築とは何か」ということはちゃんと分からないけれど、ふと、これは建築になっているのかな、と考えるときがある。
内田恭平（設計事務所／東海大吉松研13期生）

Passage

―考える62―

それだけでは"計画"であって"建築"ではない プログラムが常に目に見えるようにするべき では？

It is only just planning but not architecture. You have to design to always visualize the program.

この言葉を受けて、私の卒業設計は、「かつて街にたくさんあった煙突を塔として復活させる」という方法で都市の形を提案した。今、日々の設計で思うことは、単純明快な形によって解決される事柄は多いということ。目に見えて分かりやすい形には力がある。そう思うようになったきっかけの言葉。

八木優介（組織設計事務所／東海大吉松研11期生）

― 考える63 ―

都市のツボを突く提案を考える
Think about proposals that will incite attractive point of the city.

それまでの課題より規模が大きく、都市全体を考えるようになった卒業設計でもらった一言。建築を建てる場所、設計の仕方により、都市を大きく変えることができるのだと気づかされた。またそれは、規模にかかわらず、設計によっては都市に悪影響を与えることにもなるということ。建築を建てることの責任の大きさも学ぶことができた。
本井加奈子（ゼネコン 設計／東海大吉松研17期生）

― 考える64 ―

自分を俯瞰すること
Looking over yourself.

建築の設計に限らず、自分を含め、日常の中でも物事に対して俯瞰して考えることを意識するようになった。何事に対しても視野を広くして考えることで、本当に大事なことが見えてくるのだと教わった。設計においても、クライアントや敷地について背景から考えることは重要なことだ、と社会に出てから一層感じている。
川福拓（設計事務所／東海大吉松研13期生）

Passage

―考える65―

普通は自分がオシャレになろうとするけれど、落合がやろうとしていることは、周りの人たちによって落合をオシャレにすることかもしれないそれは周りのものによってあるひとつの建築が決まってくるような新しいつくり方になるのでは？

Normally you try to become stylish but what you are doing may be you being styled by people around you. Will it be a new way of making one architecture decided by the surroundings?

卒業設計のテーマ発表中の言葉。社会人になり、設計をしていると、いかに敷地の周辺が大事かを考えさせられる。建築は、自己表現の結果ではなく、法律、敷地環境、予算、要望などの条件をクリアしてつくられるものだ。自分がオシャレになるのではなく、周りを含めて考える。この考え方は自分の中で設計の指針になっている。

落合拓也（建築設計事務所／東海大吉松研14期生）

―考える６６―

女の子を口説くのと一緒
It's same as you come on to a girl.

卒業設計のエスキースのとき、自分の意図を整理して伝えることができず、焦っていたときに言われた一言。「魅力」「らしさ」をいかに簡潔に伝えるか。難しい言葉を並べるだけではダメ。内容が薄くても、回りくどいのも、筋が通っていないのもダメ。社会に出て十数年、学生時代の日々の中でもっとも大事な言葉だったと今感じる。大事な言葉だったと思い返すこの春、ようやく結婚する。この先もいろいろなモノ・コトを口説いていきたい。
石井雄太（建築インテリア デジタルデザイン／東海大吉松研6期生）

―考える６７―

ヒューマンスケールで考える　自分の感覚で終わらないように、人に伝えることを考える
Thinking on human scale. Think of telling people not to end with your emotional sense.

当時はこのアドバイスを活かせず、異なった方向へ進んでしまったが、現在はこの言葉を念頭に置いて、人と建物の関係が近い施設を設計している。また、施主に人間の感覚的な空間を理解してもらうための伝え方は今も試行錯誤しているが、少しずつ実績ができたことで、共感してもらえるようになってきた。今後も伝える方法を増やし続けたい。
今野未奈美（温浴施設設計／東海大吉松研12期生）

Passage

―考える68―

今回はきっと池田の想いが届いたのだろう 建築とは結局そういうことなのではないかと思う

This time I think your thought might have passed on. Architecture is as it is after all.

修士設計の報告をしたときにもらった言葉。卒業設計では自分の考えていたことがうまく伝わらず、悔しい思いをした。自分の「想い」をきちんと伝えることはとても難しい。これはいろいろな場面で感じることであり、それを建築で表現することはなおさらのことだと思う。日々、「想い」が相手に伝わっているか、どうすれば伝わるのかを考えながら、設計を行いたい。
池田雄馬（設計事務所／東海大吉松研13期生）

―考える69―

アイデアを出すには、考えたことや思いついたことを、とにかく何でも文字や図に描きだすこと
Ideation is to draw and write out everything you thought with letters and figures.

設計の授業で悩んでいた私への言葉。「難しく考えるから深みにはまる、まずは手を動かせ」と言われ、描いたものは、今見ると「何を考えていたのだ」と思えるようなものばかりだが、ひとつのことに囚われ、動けなくなる私が一歩考えを進められたアイデアでもあった。考えをアウトプットする。単純だからこそ難しいことだが、この言葉が設計のみならず、ほかのことにも通じていたのだなと今実感している。
志田珠里（サービス／東海大吉松研17期生）

―考える70―

頭で考えない
Do not think by your brain.

ゼミでの言葉。頭であれこれ難しく考えていた僕に、「頭のいい人はほかにたくさんいるから」と。純粋な興味から思ったことや、感じたことを素直に突き詰めていくことが大事で、それが自分らしさという武器になると気づかされた。
杉江隆成（大学院／東海大吉松研19期生）

―考える71―

問題を発見することが、自ずと分析につながる
Finding a problem will naturally lead to analysis.

課題やコンペに限らず、設計に際して最初に行うことは、問題意識をつくり出すことだと教わった。当時、「問題意識は何だ？」と発表する度に言われたことが強く印象に残っている。問題意識を突き詰めていくことで、何が足りないのか、何を行えばいいのか、どのような空間・機能が必要なのかが明確になり、理解することにつながり、自ずと分析結果に結びつく。そうすれば何を設計すればいいのか自ずと分かってくると教わった。
武井健太郎（分譲住宅設計／東海大吉松研18期生）

―考える72―

どうしたら豊川に戻りたくなるのか
What makes you want to go back to your hometown Toyokawa City?

卒業設計は地元の豊川市を敷地とした提案をした。問題意識が定まらず、悩んでいた私にかけられた言葉。地元に愛情がない私に、「どんな豊川になったら戻りたくなるのか」と問われ、「車のいらない歩ける街になれば戻りたい」と答えた。この質問で私がずっと頭のどこかで思っていた問題にやっと気づくことができた。
白井由惟（ゼネコン 設計／東海大吉松研15期生）

Passage

ー考える73ー

当たり前と思っていることが、実は当たり前ではないかもしれない
What you think natural might not actually natural.

初めてコンペに挑戦したときに言われたこの言葉を、今でもさまざまな場面で思い出している。市町村にある「拠点として存在する役所」という当たり前の概念を、あえて街中に分散させて配置することで、「歩いてまわる役所」という新たな街のかたちもあり得るのではないかという提案である。設計をしていても私生活でも、物事に対して少し疑問をもって考えてみると、意外と斬新な答えが生まれてくるのだと教えてもらった。その答えが正解かは分からないが、常に考えるという行為を忘れず楽しみ、導き出した自分の答えを大事にして過ごしていきたいと思っている。
村越万里子（建築設計／日本女子大2013年吉松スタジオ）

―考える74―

頭ではなく手で考える
Think by hands instead of brain.

物事に取り組むにあたり、当時の私は頭で考え過ぎてしまい、主観的な視点でしか見ることができず、論理だったやり方ではなかった。未完成のアイデアでも何事も形にまとめることで、自然と整理できる。当時、パソコンや資料から考えを突き詰めていくことに一生懸命だった私は、物事を客観的に見つめることができず、なかなか設計に取りかかれなかったことを改めて感じさせられた。

武井健太郎（分譲住宅設計／東海大吉松研18期生）

―考える75―

手が早いからそれなりにできているように見えちゃう　もっと紙の上で考えた方がいい
It seems well done because you're working quickly. You should bring your thoughts more on paper.

最終提出でもないのに、パソコンで図面を描く私に対しての言葉。スケッチや人に説明するのが苦手な私には厳しい助言であった。だから言われたあとも頑なにパソコン相手に考えていたので、今も人の上に立つような立派な仕事はしていないが、会社の中では手が早いことが重宝される。ものは使いようである。

斉藤詩織（建設コンサルタント／東海大渡邉研）

自分の言葉に騙されてしまうことがあるから気をつけた方がいい
Take care not to be deceive by own word's.

やりたいことやストーリーが決まっていても、形にすることがなかなかできなかった自分は、表現することを文章に頼ってしまい、あたかも形にできたかのように思い込むクセがついていた。そのことに気づかず慢心していた自分にかけてもらった、戒めの言葉。今もさまざまな場面で振り返り、自分を見つめ直すための大切な言葉として心に留めている。
黒岩友紀（建設会社／東海大吉松研10期生）

Live

生きる

―生きる01―

やりたいことができることを幸せに思う方がいい

It's better to think you are happy, when you are being able to do what you want to do.

卒業設計のときに言われた言葉。「中学や高校の同級生でやりたいことを続けている人がどれくらいいると思う？君たちはすぐに面倒くさいとか、嫌だとか言うけれど、20歳過ぎてやりたいことができるのは、かなり幸せなことだよ」。今でも仕事で悩んだとき、この言葉を思い出す。
安田淑乃（鎌倉市職員／東海大吉松研7期生）

― 生きる02 ―

自由な時間は残り少ない　精一杯生きることが大事　大事なことは自分が楽しむこと、それが最優先

You don't have too much free time. You should live as you can. Important thing is to enjoy by yourself. That is the top priority.

卒業設計になかなか身が入らず逃げてばかりだったときに言われた言葉。この言葉は、楽しむことを忘れていた自分に気づかせてくれた。仕事を始めてから、しんどいときや辛くなったとき、時折この言葉を思い出し、「こんな状況も楽しんでやる！」と気合を入れて前に進んでいる。これからも精一杯生きて、いろいろなことにぶつかりながらも、私らしく、楽しむことを忘れずに、建築と向き合っていく。

葛城麻耶（ゼネコン　技術／東海大吉松研17期生）

―生きる03―

スポーツで器用過ぎると良い選手になれないのと一緒　視野が広過ぎるとダメ
It is same being too good at sports, not be able to be a good player. Having too much wide view is not so good.

さまざまな分野にかかわる仕事をするときは、視野が狭いと不安になり、周囲を気にしてあれこれと手を出してしまう。建築設計という軸をもって、自分を信じて創造していくことが、結果的に世界を広げてくれるのかもしれない。不安なときこそ自分の軸を信じ貫くことが大事なんだと思う。
増田裕樹（設計事務所／東海大吉松研13期生）

―生きる04―

どんなにスケールが違うことでも、必ず将来やることにつながる
How different scale things is related to what you will do in future.

都市計画の仕事以外の経験がないことを心配していたときのアドバイス。磯崎新アトリエ時代の経験に基づく助言で、とても説得力があった。異なる価値観の物差しをもつことの大事さを、今実感している。
渡邉拓也（組織設計事務所／東海大吉松研10期生）

必ず建築から考える
You should think from an architectural perspective.

1年間の海外生活から戻り、会ったときのこと。見聞きしてきたさまざまなものについて、日本でもやってみたいと話すと、「何かやるときもいつも必ず建築から考える、そうじゃないとぶれてしまうから」と。
井口菜々子（設計事務所／日本女子大2007年吉松スタジオ）

―生きる06―

何をやってもみんな建築につながっているから
Everything you do is connected to architecture.

課題で悩んでいたときにもらった言葉。そのあとは力を抜いて取り組めた思い出がある。「好きなことをやりなさい、みんな建築につながっているから」と言われたときは本当かなぁ？と思ったが、今もその言葉を胸に、頑張って勉強してきたことを忘れず仕事に励んでいる。
藤田江里子（自営／東海大吉松研12期生）

―生きる07―

社会の中でもきっと建築的な視点を求められるだろう　自分のポジションをよく理解すること
I guess what you will be required to have a architectural perspective. Therefore you should understand the position where you are.

就職、結婚、出産、育児、介護と、環境が変わる度にポジションはゼロスタート。子どもたちや家族に大事なことを伝えたり、仲間や組織が新たな視点を必要としているとき、このスイッチが入る。今後どんな状況が訪れたとしても応用が利く。私にとっての一生モノの言葉である。
和田[田中]香織（企画マーケティング／東海大吉松研6期生）

―生きる08―

自分の立ち位置を知る方がいい
Know your stand point.

学部4年生の研究室志望面談での一言。面談と同時に大学院進学について相談をしたところ、「研究室に残ってほしいが君のためにはならない。澁谷は外に出て自分の立ち位置を知りなさい。社会で自分がどの位置にいるか分かることで、強みと弱みが見えてくる。伸び代は自分でつくるもの」と背中を押してくれた。この言葉は常に頭の片隅にあり、私が何かを決意するとき、悩みや不安を捨てさせ、後押ししてくれる。
澁谷年子（建築設計／東海大吉松研12期生）

―生きる09―

結婚相手のことを知らずに、結婚しないだろ？
You will not marry without partner's information, don't you?

就職活動が本格的に始まったころにもらった言葉。就活は婚活であり、結婚相手（就職先）を知り、自分を知ってもらうことが何より大事。そのイメージを常にもって就職活動に励んだ。ときに誠実に、ときに積極的に、まさに婚活だなぁと思い、よく後輩にもその話をしている。…卒業後は、キューピット（リクルーター）として大学に何度かお邪魔している。
澁谷和馬（審査機関／東海大吉松研12期生）

―生きる10―

就職は結婚と同じ
Employment is the same as marriage.

就職のときに「やりたいことで事務所を選ぶのも大事だが、結局、建築はひとりではできず、常に人とのかかわりがつきまとう」「一緒に仕事がしたいかどうか、就職は結婚と同じだよ」と言われた。一緒にいて苦になる人とは毎日は過ごせないし、コミュニケーションを図ることもできない。きちんと議論ができて、初めて良い建築をつくれるのだと思う。私が一緒に働きたいと思える人たちがいる会社に務められているのは、この言葉のおかげである。
小川ルビ（設計事務所／東海大吉松研16期生）

072

― 生きる 1｜1 ―

大学院選びや就職は結婚と同じ、一生ついて回るし人脈にもなる　環境で選ぶこと　それが人生の目的ではない　自分に嘘をつくような仕事はしてほしくない

Choosing a graduate school and finding a job in the same as my marriage as well as my personal life. It is not the purpose of my life. I do not want you to do work that telling yourself a lie.

たくさん相談に乗ってもらったが、これらは将来の相談をしたときの言葉。社会に出て、仕事で研究室の話題になり、意外なつながりが分かったときや恋愛においても、この言葉を実感するときがある。うわべだけでなく、自分がなりたいもの、将来のために今何をしなくてはならないかなど、これからもよく考えて選択していきたい。自分の子どもにも伝えたい言葉。
板部奈津希（建設コンサルタント／東海大吉松研14期生）

073

―生きる12―

そこにいる人も含めた環境で選ぶ
Choose your environment including people who work with.

就職活動で悩んでいたときの言葉。同僚を含め、周りの環境が良ければ、つられて自分もぐんぐん伸びることができる。将来を考える度に思い出して、よりチャレンジせざるを得ない環境に自分を放り込むように心がけている。
渡邉拓也（組織設計事務所／東海大吉松研10期生）

―生きる13―

環境が大切　あとはひとりでも尊敬できる人がいれば学ぶことはある
Environment is important. There is a thing to learn if there is a person who can even respect even one person.

就職活動時にもらった言葉。働き始めてから、この会社で良かったのかと迷うことが多々あった。そんなとき、この言葉を思い出し考えた。ここには尊敬できる人がいる、この人からまだ学べることはたくさんある、そう思えたので、現在も働き続けている。これからきっと、転職を考えることもあるだろう。そのときに、この言葉をもう一度思い出し、自分が成長できる場所を見つけたい。
田澤莉奈（ハウスメーカー／東海大吉松研16期生）

―生きる14―

悩めることも才能だけど…決して"焦らず""止まらず"ちゃんと前に進むこと
To worry is a talent. But you should advance strongly. Don't hurry and stop.

すぐ悩み、決められない。考え過ぎて動けなくなりがちな私に、「悩んでいるだけじゃだめ」と喝を入れながら、優しい言葉を選んで一歩ずつ前に進むよう誘導してくれた。悩むことは迷い、苦しみ、思い煩うことではなく、前を向いて考えること。「ポジティブに悩む」ことを教えてくれた。
稲谷彩子（建設コンサルタント まちづくり・防災／東海大吉松研11期生）

―生きる15―

設計士は決める仕事
Making a decision is the job of architect.

迷ったときによく思い出す言葉。なかなか決められない性格なため（ギリギリまで迷いたい）、決めなきゃと思う。
久保田恵里（建築設計事務所／東海大吉松研8期生）

―生きる 1/6―

どちらがいいか悩む　悩んでも悩んでも決まらないときはどちらでも構わないということ

When you are having a trouble deciding which one to choose, if you cannot decide it by long troubling, it means you don't care to choose either.

東京建築士会が主催する「住宅課題賞」への出展作の設計に悩んでいたときにもらった言葉。結果ばかりを追いかけて自分のやりたいことが分からなくなり、どうすれば良くなるのか悩んでいた。そのときに、「今日やることを決める。その時間内までに決まらなければ、どちらでも構わない」
——その一言で決定する勇気が生まれ、決断することの重要性を知った。
小野里紗（建築設計／東海大吉松研18期生）

—生きる17—

おまえの問題意識はなんだ？ 独り善がり 自己満足 需要がない
What is your problem consciousness? There is no demand for egoists, self-satisfaction, and self-sufficiency.

卒業設計で何度も言われた言葉であり、卒業後もずっと意識している言葉。自分は、卒業設計に選定したある商店街に対する問題意識がまとまらず、なかなか設計に着手できなかった。しかし、目的や目標は、問題意識があるからこそ生まれるものであり、問題意識をもつことが設計の根源なのだと学んだ。それからは、物事を中途半端な常識で考えず、自分の素朴な疑問や感じたことを大事にして、設計に取り組むようになった。
玉江将之（大学院／東海大吉松研14期生）

—生きる18—

問題意識をもって設計をする 自己中心的に設計を進めても、評価されることはない
You should design with a problem consciousness. Even if you are designing selfishly, you won't be evaluated by others.

卒業設計の際、提案がまとまらずにいたときに言われた言葉。社会人となった今は、自分のやりたいデザインや設計を行うには、施主や上司を納得させる裏付けや理由が求めらる。好き勝手にデザインしていた学生時代とは違い、自己中心的な設計では評価されないとつくづく実感させられる。デザインというよりも、設計をする、建築を仕事にする、という本質を教えてもらっていたのだと理解している。
清水佑基（建設会社／東海大吉松研14期生）

何が新しいのか？ どんな意味があるのか？ 提案に自分らしい切り口や視点がないと、つくる意味がない

What is uniqueness? What kind of significance is there? And there is no point to produce anything without your own perspective and method.

自分で誰かに説明する立場になってよく思い出す。施主は、この人やこの会社であれば魅力的で街の良い雰囲気に寄与する建物をつくってくれるという期待があるから依頼してくれる。その期待に応えるには、新しい切り口や視点が常に求められる。学生時代は分からなかったが、仕事をするときにいつも意識する大切な言葉である。

金箱達也（建築設計／東海大吉松研6期生）

―生きる20―

基本の料理ができなければ、アレンジはできない
You can't make arrangement without basic cooking skill.

設計の課題や即日設計で出されたテーマについて、知識が浅いにもかかわらず、独創性ばかりを追求しがちな私達学生を導いてくれた言葉。
黒岩友紀（建設会社／東海大吉松研10期生）

Passage

—生きる21—

シンプルは大きくすることができる　でも複雑は大きくすることはできない
The simple things can make bigger, but complicate things can't.

頭では分かっているのに、シンプルを大きくすることは、実はとても難しいと感じる今日このごろ。
中西智子（設計事務所／東海大吉松研11期生）

―生きる22―

デザインするということは選択の連続だから苦しい
Designing is hard, because you have to make decision continuously.

卒業設計に行き詰まり、何が苦しいのかも分からず悩んでいたときにハッとさせられた言葉。今まで感覚的に良いと思ったものを形にしていて、自分でも果たしてこれが正解なのだろうか？と思うことがあったが、自分のデザインの一つひとつに選択の理由をもち、判断する力を身につけることが大切だと気づいた。
中畑真琴（内装設計施工／東海大吉松研15期生）

―生きる23―

好き嫌いとは別に、良い悪いの判断をしないといけない
You have to make judgment on good or bad even if you like it or not.

物事を判断・評価する際に個人的な嗜好が入ってしまい、偏った判断をしてしまいがちだったけれど、この言葉をもらって以降は、自分の中で別の評価軸が生まれ、視野が広がった。
石井一哉（会社員宿泊施設企画／東海大吉松研7期生）

―生きる24―

正しく設計が学べる人についた方がいい　建築設計を正しく学べば何でもできる

You had better to learn design from a person who can teach correctly. If you learn architecture design correctly, you can design anything you want.

転職活動中によく言われた言葉。考え過ぎて、結局自分が何をしたいのか分からなくなっているときに言われ、ハッとした。とてもシンプルなことを教えてもらい、真面目に正しく建築設計を学ぼうと決めた。
関口朋実（建築設計／東海大吉松研15期生）

―生きる25―

できないことは、何も恥ずべきことじゃない

Don't be ashamed for your incapability.

この言葉を言われた当時、まだ建築という分野に携わって4年目だった私を「4歳の子どもと同じだ」と比喩された。何かをつくり出すにも知識も技術も全然足りないのは当たり前だった。「できないこと」は恥ずべきことではない。そこからどのように物事に取り組むのかを考える姿勢が重要なのだ、と私は感じた。この言葉は、仕事に取り組むにあたっても、分からないことがあれば積極的に学ぼうとする姿勢につながっている。
武井健太郎（分譲住宅設計／東海大吉松研18期生）

文章を書ける人は、論理的に物事を考え、説明できる人
Good writer is able to think things and explain them logically.

進路相談のとき、「文章を書ける人を選ぶといいと思うよ」というアドバイスとともに教えてもらったこと。「ボスの言うことが昨日と今日で違うのは、考え続けているのだから当たり前。それが理不尽に思えても、論理的な思考をする人の考えであればきっと理解できるし、ついていけるはず」。顧みて、自分はどうか、考えは論理的か、文章や資料は相手に伝わるものになっているかどうか、と心に留めるようになった。
高野菜美（建築設計／東海大吉松研10期生）

—生きる27—

耳が聞こえない
You can't hear anything from others.

学生のころにたくさん言われた中で、一番記憶に残っている言葉。実際には聞く耳をもたない、耳を傾けないという意味で言われ続けた。卒業して設計の業務を行うようになり、改めて重要なことだと気づいた。建築はひとりでつくるものではなく、施主や現場など周りの声を聞く能力は必須だと今では思える。未だに自分は耳が悪いままなので、これからもこの言葉を思い出し、精進したいと思う。
内田航平（アトリエ事務所／東海大吉松研16期生）

—生きる28—

マルチタスクができるようになる　ボスは考えるだけで手は動かさなくていい
You will be able to multi-task. Boss does not have to move his own hands, just think.

前者は院生のときによく言われた言葉。後者はコンペや修士設計のときの言葉。社会人3年目となり、求められることがどんどん増えてきた今、ひとりでこなそうと考えがちになると、この二つの言葉を思い出す。自分のやることと、誰かに頼めば良いことを振り分けることが求められる中で、的確な指示の出し方、考えの伝え方など、まだまだ未熟だと感じることは多々ある。意識して上達させていかなければ、と思う。
板部奈津希（建設コンサルタント／東海大吉松研14期生）

―生きる29―

人を動かすということは大変なことである
Managing people is a hard job.

横浜の象の鼻テラスで卒業設計展をしたときの言葉。設計課題の枠を超えて、初めて実社会の中で活動するにあたり、人の時間や労力を得るためには、企画の意図や熱意を十分に伝えるプレゼンテーションが必要であり、計画を速やかに実行する責任が伴うということを教えられた。社会人になり、別の仕事をしているが、良好な人間関係を築くにはとても大切なことだと改めて思っている。

上村拓（バーテンダー／東海大吉松研11期生）

―生きる30―

ちゃんと感謝すること
Thank properly.

「何かが完結したとき、それは個人の力ではなく、周りの支えがあったことを思い出し、ちゃんと感謝しなさい」——特に「後輩に」と言っていた。後輩に伝えることで考えが整理され、立ち振る舞いを見られることで姿勢を正すことができる。感謝することはその次に進む一歩なのだと思わせてくれる言葉であった。
中丸大輔(住宅メーカー／東海大吉松研10期生)

―生きる31―

どんな形でも学んだことを活かして社会に貢献してほしい　大学を出させてくれた両親に感謝して親孝行してほしい
Please make use of the knowledge studied at university to contribute to the society in any style. Do the devotion to parent's who supported to graduate university.

卒業式のあと、「君たち一人ひとりを大学に行かせるのに、いくらかかっているか知っているか？」と聞かれた。「ベンツ1台分」と答えた。知識としてただ「知っている」のと、「理解する」のはまったくもって別だった。この言葉の重みを今、実感している。1分、1秒を無駄にせずに生きる。
鶴巻穂(住宅リフォーム会社／東海大吉松研10期生)

Passage

―生きる32―

人に正しく感謝することやお礼を述べることは、とても大事である　それだけでも大学院にきた価値があったのかもしれない

It is important to thank or express your gratitude to the people. To be able to do that is the value of studying at graduate school.

感謝を伝えること。前から伝えることは苦手な方ではないけれど、とても重く感じた。今でもできる限り毎年、宴の会を催すようにしている。人とのつながりは今までもこれからも切ることができないし、切りたくない。もっと太くしていなかくては、と日々思っている。そんなこんなが今の仕事にも通じている。
佐長秀一（ファシリティコンサルタント 営業／東海大吉松研11期生）

―生きる33―

きちんと設計をしてほしい
I want you to design properly.

もちろん悪ふざけをしていたわけではないけれど、卒業設計のときは本当によく怒られた。設計とは常に意味と責任を問われる行為だと教わった。今の自分にとってこの教えは、大きな支えのひとつ。きちんと丁寧にすれば、どんなことも必ず前に進む。刹那的なものづくりをしていないか。きちんと設計をしているか。これからも自問自答しながら前に進んでいきたい。
谷章生（建築設計・大学教員／東海大吉松研6期生）

―生きる34―

建築士と建築家の違いは、つくっている建築（作品）に対して意志が有るか無いかである
The difference between architect and building engineer is whether there is a will or not for the building or work being made.

研究室に入った最初のゼミで聞いた話である。「意志のある建築とは何か？」そのときはよく分かっていなかった。社会人になり、設計の仕事を始めて、意志のある建築をつくるために膨大なエネルギーが必要なのだと初めて分かった。しかし、意志のある働きをすることで人々の心が動き、良いものをつくれると実感した。この言葉には、自分が将来目指すべき設計、建築家の姿があると思っている。
出澤雄太（建築設計事務所／東海大吉松研17期生）

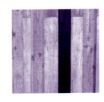

――生きる３５――

自分が建築家なのかどうかは自分で決めるんじゃない　誰かがこの人は建築家だと言えば、その人は建築家なんだ

You do not decide yourself whether you are an architect or not. If someone says that this person is an architect, she is an architect.

独立しようと考え始めたころ、まだ少し迷いがあった私にかけてくれた言葉。まずは事務所をつくって始めてしまえ、そうすれば仕事や役割はついてくる、と背中を押してくれた。これから先も、建築に限らず人生のいろいろな道に迷ったら、きっとこの言葉が心に浮かぶだろう。ふっと力を抜いて、まずは前に進んでみようと思わせてくれるだろう。

進藤理奈（設計事務所／日本女子大2007年吉松スタジオ）

―生きる36―

都市の記憶をつくることが、建築家の究極の目標である
Making the memory of city is ultimate objective of architect.

私は空港の設計に携わっている。この言葉と空港の設計を関連づけてみる。空港は、時代の要求に合わせて増改築を繰り返すため、一建物であっても建設された時代ごとにデザインが変わる。機能上、巨大なスケールや複雑なプログラムがあることからも、もはや都市なのではないかと。いや、そう思ってみる。そうすると、私は今も学生のときと変わらず、都市の記憶の設計に興味があるのだと思う。その基礎にあるのはこの言葉だったと実感する。
八木優介(組織設計事務所／東海大吉松研11期生)

―生きる37―

若い人より、ある程度、歳をとっている人の方がいい
You had better to be taught architecture by the experienced architect than the young architect.

進路相談したときの言葉。そして今、75歳の建築家夫妻のもとで、図面も手描き、プレゼンも手描き、名刺も手書きと、超アナログな毎日を過ごしている。そろそろCADでも勉強しなければと思いつつ…。
中西智子（設計事務所／東海大吉松研11期生）

―生きる38―

えいや！って図面に描いた線が、そのまま建築化されていることに恐ろしくなった
It became frightening that the line written on the drawing was built as it was.

言葉の細かいニュアンスは忘れてしまったが、適当に描いたものでも図面に描けばそのままできてしまう、それはとても恐ろしいことでもある、という意味のものだったと思う。実社会で設計するようになった今、その意味を深く考えるようになった。学校の課題では味わうことのできなかった出来事に不安を感じるが、この言葉を思い出すと、乗り越えられそうな気がしてくる。
本井加奈子（ゼネコン 設計／東海大吉松研17期生）

094

図面には力がある
The drawing have power.

卒業設計のあとの言葉。「見たことのない建築や空間を、僕たちは見てみたい。その魅力は模型でも伝わるが、模型で伝えられない魅力は図面で伝えるしかない。図面にはそんな力がある。」——社会人になり、住宅の設計をする日々の中で、この言葉をいつも思い出している。図面は想いや誠意を伝える手紙のような存在。一線一線、心を込めて丁寧に描いていきたいと思う。

中丸大輔（住宅メーカー／東海大吉松研10期生）

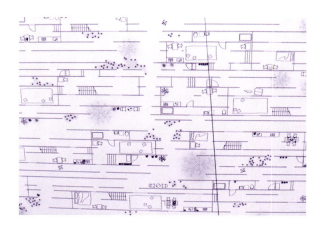

―生きる40―

謝るのは自分へ
Apologize to yourself.

クリスマスまでに卒業設計のパネル4枚と図面と模型が提出要件であった。しかしその期限を守らず、ゼミ生の中で僕だけが提出せず、謝罪をしたときの言葉。他人にいくら謝ってもいいものはできないから、自分に謝ってということであった。
山川夏輝（建築設計事務所／東海大吉松研19期生）

―生きる41―

失敗したあとにどうするかで人間力は決まる
Personal magnetism is determined by what to do after a failure.

最後まで思うように手が動かず、周りに多大な迷惑をかけ、提出した卒業設計を、自分ひとりでやり直したあとに言われた言葉。あのときに、「失敗」と「やり直す」という経験をしたからこそ、今の自分があり、建築設計を続けている。
渡邊健太（建築設計事務所／東海大吉松研14期生）

―生きる42―

M2くらいの気持ちでM1の期間を過ごせ
Spend the period of M1 as M2.

学部卒業後の進路が決まっておらず、研究生として1年間研究室に在籍し、他大学院へ進学した。研究生期間には受験勉強だけでなく、海外の集落調査やアーキプロと共同でのコンペなど、たくさんの経験をした。この言葉を聞いたときに、同期よりも遠回りした1年間は無駄ではない、志高く他大学院に入学するのだ、と背中を押されたような気がした。高いモチベーションで大学院の2年間を過ごせたことで、今でも設計を続けられていると感じている。
増井裕太（設計事務所／東海大吉松研13期生）

―生きる43―

忙しいのは分かってる　でもそれは全部自分で決めたことだからね
I know you're busy, but that's all you decided on your own.

大学院で授業やTA、修士設計などに追われて余裕がなくなっていたときに言われた言葉。全部自分でやりたくてやっていること、やめないのはやりたいことだから…と改めて思い、自分の意思で今の状況にあることに気づかされた。今でもつらいときに思い出すと前向きになれる。
山田佳奈（住宅設計／東海大吉松研14期生）

098

― 生きる44 ―

自分で選んだ道だからつらいのは当然　人の2倍努力しなくてはならない

Because it is the way that you chose by yourself, it is naturally necessary to make twice as many efforts as people.

学部4年生の5月、当時付き合っていた彼女から新しい命を授かったとの報告を受けた。大学院に進学する意思を固めた私にとって人生が180度ひっくり返った瞬間だった。そんな中でのこの言葉は、数々の困難を乗り越える力となった。家族を一番に大切にしつつ、自分のことも頑張る意志をもち、努力すれば、結果が出るという貴重な経験をさせてもらった1年であった。それは今でもブレない軸となり日々の生活に活かされている。

小松祐太（ハウスメーカー／東海大吉松研15期生）

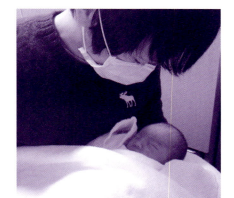

―生きる45―

研究者の方が向いている
You are suitable as a researcher.

進路を迷っていたときの言葉。形にしていくことが苦手な私は、この言葉で、私にも何かしら建築に携われる道があるかもしれないと思えて、少し嬉しかった。そして今、設計事務所に勤めて6年、育休中。仕事、仕事の毎日から一呼吸して、今一度自分が進むべき道を考えたとき、この言葉が妙に引っかかっている自分がいる。
中西智子（設計事務所／東海大吉松研11期生）

―生きる46―

先週までは良かったが全然進んでない
It was good until last week, but it has not advanced at all.

よく言われた。結局最後までばたばたして、設計ができなかった。何とか進路を決めて人生を生きているが、本当にこれでいいのか。毎日迷っている。
李英殷（建築設計／東海大吉松研15期生）

Passage

―生きる47―

進路に悩むことはない　自分の好きなことをする条件が揃っているし、その能力もある　ぶれずに前に進めば良い　なぜ進まないのだろう？

Don't worry about a career. You have condition. What you want to do and skill. Why don't you make your own way?

卒業後の進路がなかなか決まらず思い悩んでいたころ、謝恩会後のメールでもらった言葉。この言葉のおかげで「好きなこと」が自分の中で明確になり、自信をもって現在のものづくりの道へ進めた。

橋本未来（自営／東海大吉松研12期生）

―生きる48―

組織設計事務所に入るということは、どういう目標をもつことか、分かるか？ サラリーマンになるんだから偉くなって、会社を変えるくらいの存在になって良い建築をつくってほしい

Do you understand what kind of goal you need to have when you join to the corporate design firm? You need to get high hierarchy and become higher-up in the office who can change the structure. And then, I hope you design nice architecture from there.

これは就職内定時の言葉。この言葉を常に意識して設計している。
井村英之（組織設計事務所主任／東海大吉松研8期生）

―生きる49―

組織よりアトリエ向きだよ

You are more suitable for atelier than corporate design firm.

今でもずっと心の中に残っている言葉。当時は言いたかったことがまったく分からなかったけど、アトリエ、組織設計の二つを経験して、その特徴や違いがすごくよく分かった。アトリエ寄りの組織に入ったけれど、やっぱり私は組織向きなんだなと思うことが多々あった。まだまだ戦い始めたばかりだから組織設計の中で戦っていきたいと思っている。
大澤篤史（組織設計事務所／東海大吉松研10期生）

―生きる50―

彼は入社したときからエースだった　だから良い仕事がきたし、その期待に応えて建設会社で良い建築をつくってきた　入ったからにはそこを目指せ!

He was ace already when he joined the company. That's why he has done a great job and responded to expectations at the construction corporation. Aim for it if you entered!

就職が内定し、建設会社で設計をしていく姿勢を教わったときの言葉。組織に属する以上、担当するプロジェクトがおもしろいものばかりとは限らない。どんなプロジェクトでも諦めることなく、挑戦し続けることが、良い仕事を受け、良い建築をつくることにつながっていくと信じて、日々格闘している。
北澤諒（建設会社 建築設計／東海大吉松研9期生）

―生きる51―

建築の道がダメなら違う職種でもいい、じゃなくて、渡部なら建築の道に進めるから絶対に諦めるな！

If a path to architecture professional is out of reach, different job is okay. I mean, never give up on architecture, I believe you can achieve it!

学部3年の研究室相談の際に、どうしても就職しなければならないと相談したところ、返ってきた言葉。この言葉を機に卒業設計、就職活動のモチベーションが上がり、とりあえず何でもいいから就職してサラリーマンをやろう、という考えがなくなった。数年後に再会したときには「渡部がヘルメットかぶって現場やっているなんて…！」と言われ、本当に建築の道へ進んで良かったと痛感した。

渡部薫美（ハウスメーカー 事務／東海大吉松研12期生）

―生きる52―

内定した会社は一流企業だが、小島が何をやりたいのかが分からない

I don't understand what you want to do, even though the company you got appointed is the big firm listed in first section of the Tokyo Stock Exchange.

内定報告をした際の言葉。当時は、理解してもらえなかったかもしれないが、自分が施工系に進んだことは今でも後悔していない。建設業界の新しい未来をつくるために奮闘している。

小島尚（建設会社 生産技術／東海大吉松研9期生）

―生きる53―

大学院受験はリベンジじゃないよ　誰のもとで何をやりたいのかよく考える　3年後、5年後、10年後の自分がどうありたいかを考え、そのための選択肢を選ぶこと

Taking an examination of graduate school is not revenge. You should think what you want to do. Think what you want to be after 3, 5, and 10 years later, and choose from options for yourself of the future.

心の中を見透かされているように感じた言葉。私は、他大学院進学を希望していたが、それを大学受験からの挽回のように捉え、手段が目的になっていた。リベンジではなく、進学した先で何をしたいのか、本当にやりたいことは何か、考えるきっかけとなった。すぐには自分の気持ちが定まらず、1年間考えることになったが、それが今では貴重な時間と思える。点がつながり線になり、今につながっていると感じる。これからも、本当の気持ちを大切に生きていきたい。

稲谷彩子（建設コンサルタント　まちづくり・防災／東海大吉松研11期生）

―生きる54―

自分の興味のあることだけをやればいい　不便だと思ったら自分で変えればいい
Do what you are interested in. You can change it yourself, if you think that it is inconvenient.

卒業設計のテーマを決めるきっかけとなり、地元と向き合うこととなった言葉。地元で実際につくられている建築は、学生のころに抱いた創造とは違ってどこかさみしい建築であるように感じることがある。だからこそ、いつまでも「こんな建築をつくりたい！」という自分の創造力をもち続けながら建築を提案・提供し、地元を活性化させていきたい。
増澤克明（設計施工会社／東海大吉松研13期生）

―生きる55―

次は吉田が環境をつくっていく番
It's your turn to make an environment.

お世辞と分かっていても泣けた。自分のことばかりでなく、誰かの力になれるように努力したいと思った一言。
吉田圭吾（建築設計事務所／東海大吉松研8期生）

—生きる56—

建築はゆっくりやっていいんだ
You can do architecture slowly.

就職後、体調不良で休職中に連絡をくれたときの一言。会社での立場や周りからの目を気にしていた私に、広い視野を与えてくれた。もっと長い目で見て、建築とどう向き合うのかを、改めて考えさせてくれた。励まされた。
半田千尋（建築設計／東海大吉松研15期生）

—生きる57—

建築学科を卒業してから医学部に行っても28だろ　まだまだ若い
When you graduate medical school after department of architecture, you are 28 years old. Still young.

進路に悩んでいたとき、いつのまにか目の前のことに精一杯で、視野が狭くなっていたことを気づかせてくれた言葉。何かを始めることに遅過ぎることはない、というメッセージに加えて、既成概念やステレオタイプに囚われないものの見方を教えてもらった。そして、建築から近いようで遠い土木（社会基盤整備）の世界にいる今も、ふと思い出し、まだまだ挑戦できると思わせてくれる言葉。
稲谷彩子（建設コンサルタント まちづくり・防災／東海大吉松研11期生）

― 生きる58 ―

とりあえず10年やってみたら
Tentatively you can try to do for 10 years.

誰しも経験があると思うが、大学2年生のころ、私は自分が設計に向いているか向いていないか、続けるべきかどうか、悩むことがあった。そんなとき、「まだ設計を始めて数年しか経っていない、向いてるか向いてないかなんて分からないんだから、とりあえず10年やってみて決めたらいい」と言ってくれた。設計は、それくらいの心持ちで続けてみても良い道なんだと思うことができ、なんとか続いて15年経った。
佐屋香織（ピークスタジオ一級建築士事務所／日本女子大2004年吉松スタジオ）

―生きる59―

最初は、自分の女の子の好みが分からないからとりあえず付き合ってみるだろ　建築も同じでとりあえず決めて進んでみること　そうすると自分の好みがはっきりしてくるだろ

In the beginning, you don't know about a girl whether you like her or not, you first go out, right? Same with architecture. You need to decide and proceed, and then you will see your conception more clearly.

テーマが決まらないときにかけられた言葉。建築設計は大体ぼんやりしているところからスタートして、進んだり戻ったりの繰り返しの作業が多い。この「とりあえず決めてみる」というのが多いほど、良い建築ができると社会に出て実感している。
宇谷淳（建築設計事務所／東海大吉松研8期生）

―生きる60―

悩むよりいつものように元気良く、えいやっと造形してみたらいい　とりあえず青山を切り刻んでみたらどう？

Don't think to much, just do it as you normally do. Tentatively, how about chopping Aoyama?

卒業設計で悩んでいたときのアドバイス。日々頭でばかり考えて悶々としていたときに、前に進めた。まず手を動かすこと。社会に出て、子育てをしている中で、いろいろ考えるとなかなか身動きがとりにくくなることが多い。でも「悩んでないで、とりあえずやってみよう！」と、今でもあらゆる場面で後押ししてくれる。
石田志織（主婦・リノベーション設計／東海大吉松研8期生）

― 生きる61 ―

設計するということは"決める"こと
To design is to decide.

即日設計の講評時の言葉。「曖昧に物事を進めるな」と怒られていたのだと思うが、特別なことではなく、もっとシンプルに考えろ、と励ましの言葉でもあったような気がして、設計が楽しくなった。決めるための準備は怠らず、自分が決めたことへの責任をもつ。自分では決められないことは、決めてもらうための準備を入念に。この言葉を肝に銘じて、今でも設計の仕事をしている。

小林貴史（ゼネコン 設計部／東海大吉松研10期生）

Play
遊ぶ

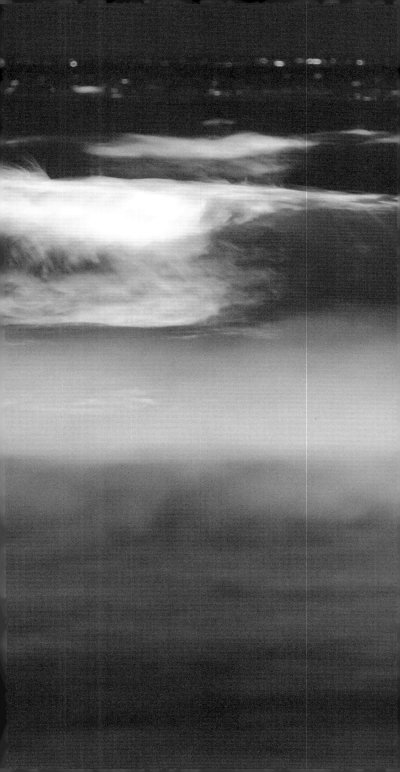

―遊ぶ01―

点と点は、線でつながるときがある
Sometime, dots connects and make line.

人生において、自分の「好き」や「気になるを」突き詰めていると、あるときそれらのいくつかがつながり、自分の前に現れることがあるそうだ。そんな体験談にとても惹きつけられ、今でも忘れられない言葉のひとつである。あのときゼミで私達に「遊ぶのも勉強も全力で」と言っていたのは、そんな体験につなげるためだったのかもしれない。
黒岩友紀（建設会社／東海大吉松研10期生）

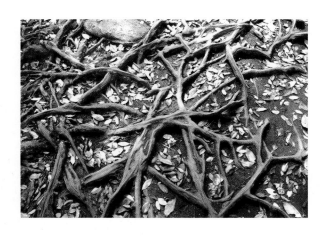

— 遊ぶ02 —

建築設計のヒントは他愛もない話の中にたくさんある　だからおじいさんと、とにかく会話をすること

There are lots of hints of architectural design in funny stories. So doing conversations with your grandfather anyway.

卒業設計で一番身近な人のための住宅をつくると決心したものの、設計が進まなかったときにかけてもらった言葉。何でもない普通の会話をし続けたことで、提案に結びついた。社会人になった今でも、打ち合わせやチーム会議、日常でもいろいろな人と他愛もない話をすることを心がけている。設計は、身近なものから生まれるものが、より新しい提案につながると確信した。

大越菜央（建築設計事務所／東海大吉松研14期生）

― 遊ぶ03 ―

自分の興味を体感し、知識へとつなげる
Feel your interest and connect to the knowledge.

デザイン研究のテーマ設定で迷走していたときにもらった言葉。この言葉を受けて、いろいろな街を見て歩き、体験し、調べ、比較するうちに、自分の興味、好きな空間を発見できた。あのとき、必死に多くの街を歩き、体感した経験が、今は知識として仕事に活きている。
圓道寺ゆみ（都市計画／東海大吉松研12期生）

― 遊ぶ04 ―

常識を一度崩して考えた方がいい
Break down the common sense once and think it.

頭の硬かった私に柔軟性をもって物事を捉えることを教えてくれた。子どもを産み、育て、常識を教える立場になって、不思議とこの言葉を思い出す。当時教わった意味合いとは違うが、この常識は押しつけにならないかどうか、また子どもたちの想像力を消してしまわないかなど、今は自分を立ち返らせる言葉として、冷静さや客観性を取り戻させる大事な一言。
飯澤彰子（専業主婦／東海大吉松研7期生）

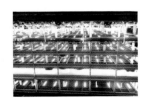

食ってみろよ!
Why don't you try to eat it?

インドの屋台で同期の細金に向かっての一言。錆びついたドラム缶の上で焼いていたフレンチトーストのようなものに興味を示していた細金は、実際に食べてみることによって、フレンチトーストではなかったことを学んだ。そしてお腹を壊した。見ているだけではダメ。実際に経験をすることによって学ぶことがある。そう伝えたかったのだと今は感じる。
加藤隼之介（施工管理／東海大吉松研12期生）

―遊ぶ06―

大事なことは楽しむこと　行って楽しい場所を選び探検する　海外旅行だと思えばいい
It is important to enjoy by yourself. Just go and explore the fun space as an overseas trip.

建築学会のコンペの敷地設定に悩んでいるときの一言。周りのグループが敷地を決定していく中、決められず焦っているときに言われ、自分が楽しいと思えることをやらなければおもしろくならない、と気づかされた。何をするにも第一に「楽しむこと！」を大切に、前向きに物事を考えられるようになった。子どもにも教えていきたい。
関口朋実（建築設計／東海大吉松研15期生）

―遊ぶ07―

思ったより良い場所だった
It was a better place than I expected.

私が卒業設計で選んだ土地に宿泊した後、感想をもらった。福島市土湯温泉町は小さく素朴な町だけれど、本当に好きな場所。足を運んでくれたことに対してはもちろん、良い印象を持ってくれたことがとても嬉しかった。
大沼由実（ゼネコン 意匠設計／東海大吉松研16期生）

― 遊ぶ08 ―

僕は夢で空を飛べるし、昔行った街を回ることもできる

I can fly through the sky in my dreams, and I can go around the cities I visited before.

コンペの提出直後、設定した敷地の風景が夢に出てきたことがあった。その話をすると「僕はたまに夢の中で空を飛んで、見たい街を回るんだ」と言い、「なんて便利なんだ」と盛り上がったことを覚えている。他愛もない話であったが、桜の下でダンボール机を囲み、手土産のイチゴをおつまみに、暗くなるまで話をした。建築だけではなく何でも相談できる、お父さんのような存在である。

武田基杏（日本女子大大学院修士2年／日本女子大2015年吉松スタジオ）

― 遊ぶ09 ―

自分の常識を超える　自分の知らない世界を見ること
Looking at the world you do not know that exceeds your common sense.

卒業設計でコンセプトを決めていく段階。自分の地元をこう変えたいというビジョンがありながら、実際どうやって変えるかを自分の知識の範囲で解決しようとしていた僕に、とても響いた言葉だった。それから視界が開けて、新しいことを探求しようとする心をもてるようになった。それは建築にかかわらず普段の生活においても同じであり、何歳になっても探求心をもち続けたいと思っている。
川音郁弥（大学院／東海大吉松研19期生）

― 遊ぶ10 ―

赤道直下は建築に影がない
There is not shadow under the equator.

大学院のゼミ旅行の候補を探しているときに聞いて、とても興味深かった。影がないと建築はどう見えるんだろう、CGで影をなくしたときの、のっぺりした感じになるのだろうか。行ってみないと分からないので、いつか新婚旅行で行ってみたいと思う。
坂田旭（設計事務／東海大吉松研9期生）

―遊ぶ11―

これからの人は、無駄な時間をどう過ごしていくかが重要なんだ

People of the future are important how to spend leisure time.

研究室への入室面談のときの言葉。これからの社会では一人ひとりの仕事量が増え、無駄な時間が減っていく。だからこそ無駄な時間をどう過ごすかがそれぞれの個性となり、人を豊かにするのだ。研究室とサークルの両立に不安を感じていた私はこの言葉に勇気づけられ、学部4年生の12月末までサークル活動に励むことができた。結果、サークルで成し遂げたことが就職活動や卒業設計の糧となり、怖気づくことなく自分を表現できるようになった。

内藤もも（インテリアデザイン／東海大吉松研19期生）

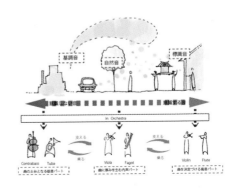

― 遊ぶ 12 ―

サッカーを続けないと研究室には入れない
You will not be able to enter my laboratory unless you will keep playing soccer.

サッカーを辞めて建築をメインにしていきたいと思い、研究室を志願したときに言われた言葉。学部3年までサッカーと建築を両立したが、サッカー人生に限界を感じ、建築に力を入れたいと考え始めていた。「サッカー選手をやめるべきではない」と叱咤されて、継続を決意。卒業後もサッカーを捨てずに走り続けてこられた。思えば苦しいなりに楽しい1年があったからこそ今の自分があると、大変感謝している。
小林詩織(第2の人生模索中/東海大吉松研12期生)

―遊ぶ１３―

彼女はトリプルスリー、おまえも頑張れ
She is triple three. You can be also.

同期の圓道寺とその子どもとともに自邸に遊びに行ったとき、1年で資格試験、結婚、出産を達成した話題から飛び火し、私のプライベートについてのアドバイスが始まり「おまえも頑張れ、トリプルスリー達成できる！」「子連れと結婚すれば圓道寺に追いつけるよ（笑）」「年下かバツイチ狙え！」等々の有難き言葉をもらった（泣）。
澁谷年子（建築設計／東海大吉松研12期生）

―遊ぶ１４―

一級建築士と結婚　両方やってできないことはないと思う
It is possible to do both getting the license of architect and marriage.

2014年の忘年会、私は「来年一級建築士の取得を目指すので、結婚は先になりそう」と報告をしたところ、「結婚はタイミング、これを逃したら一生独身かもしれない」という脅しと「両方やってできないことはない」という前向きな言葉もらった。2015年、私はこの言葉のお陰で一級建築士と結婚、そして勢い余り出産の「トリプルスリー」を達成することができた。
圓道寺ゆみ（都市計画／東海大吉松研12期生）

― 遊ぶ15 ―

どうなるか分からない遠い将来を考えてもしょうがない　その時々で次に楽しいと思うことを続けていけば、楽しいことがずっと続いていくことになる

There is no point to think about distant future, because you don't know what will happen. Fun part would be continued if you keep doing fun things for you at time to time.

社内で、自分が楽しいと思うことをするために、わがままを言って職種や勤務地を変えてもらってきた。組織の中でわがままを言えるようにするためには、その時々である程度の実績が求められる。次も楽しいと思うことをしたいというモチベーションが、今やるべきことへつながっていると思う。仕事のことだけにかかわらず、人生を豊かで楽しいものにしていこうとする上でも、後押ししてくれる言葉となっている。

堀野健一（建築設計／東海大吉松研6期生）

―遊ぶ16―

結婚は急がない方がいい
Don't need to hurry up for marriage.

結婚した今、身にしみて分かった。
渡邉拓也（組織設計事務所／東海大吉松研10期生）

―遊ぶ17―

結婚は2年、せめて1年経ってからした方がいい
It is better to marry after two years, well at least one year.

それが理想だったが、現実は違った。だが今は幸せだ。
関口朋実（建築設計／東海大吉松研15期生）

―遊ぶ18―

まだ結論を出さなくていい
You do not have to draw a conclusion yet.

デザイン研究の中盤で研究の目的が定まらず、闇雲に作業を続けていたときにもらった言葉。自分を見つめ直すきっかけになり、興味のあることがはっきり見えてくるようになった。またそのころみんなと比べて建築の知識が足りないことに劣等感を感じていたが、自分なりの考えをもって同期・先輩方と積極的に話し合えたことが良かったと思っている。今でもつらいとき、もう一、二踏ん張りのときに思い出す。気合いの入る言葉。
倉地俊明（市役所 設計／東海大吉松研13期）

―遊ぶ19―

ん〜、里吉はマジメ過ぎておもしろさに欠けるんだよね
Hmm, you are too serious so you are not fun enough.

卒業設計の途中経過で言われた一言。当時は「真面目の何がいけないんだ！」という反発があり、変な反骨精神を制作の原動力としていた。現在では、飲食業の店舗開発として、日々「バカ」になることを心がけている。
里吉仁（飲食／東海大吉松研6期生）

―遊ぶ20―

建築にアクがない　　もっと飛び抜けた建築をつくる
There is no jump in your architecture. Think by far more charming architecture.

学部と大学院の設計の授業で言われた言葉。「飛び抜けた」の意味を理解することも、それを形にすることも難しく、ずっと悩んでいた。自分の中の引き出しが少なかったので、考えたことをうまく形にすることが苦手だったのだと思う。もっといろいろなものを見たり、体験したりすることが必要だと思った。何事も、自分の固定観念に囚われず体験し、感じたことを素直に表現できるようになりたい。
山田佳奈（住宅設計／東海大吉松研14期生）

― 遊ぶ21 ―

建築にはムダをつくることも必要だ
Something irrational should be made to make architecture.

窓は、住宅にないほうが室温が安定するから、〈ムダ〉なものかもしれない。でも、窓のない住宅に人は住めない。陽の光が入り、風が通り、外を眺めることが生活には必要——自分はこの言葉を「空間には人間らしさが必要なのだ」と解釈している。効率を求め〈ムダ〉を省いて設計すると、無機質な空間になる。もう少し人間らしさがあってもいいのではと葛藤する。そんなときはこの言葉を胸に、空間に人間味というスパイスを加える。
菊地亮太（リノベーション設計／東海大吉松研18期生）

― 遊ぶ22 ―

構造は光だ
The structure is light.

卒業設計中にもらった言葉。構造は変えずとも、光の入れ方や抜き方により内部空間は変えられる。また、それにより外部空間へのアプローチも変えられると教わった。
日下部玲奈（不動産開発／東海大吉松研19期生）

タイ料理は甘い・酸っぱい・辛いが一気にくる

When tasting Thai food, sweet, sour and spicy come In same time.

当時の自分のノートを見返すと、なぜかこの言葉がデッカくピックアップされている。確かおもしろい空間体験のたとえ話。妙に納得し、これまでの空間体験でどれがそれに近いか思い返してみたくなった。
中西智子（設計事務所／東海大吉松研11期生）

― 遊ぶ24 ―

素直に自分が思ってることを伝える方がいい
It's better to tell what you are thinking more honestly.

日本女子大学の「建築設計4」の授業中の言葉。2015年度日本建築学会設計競技「もう一つのまち・もう一つの建築」に、広島県福山市出身の友人と取り組んでいた。作品のタイトルを「箕島、水の島、そして美の島」というタイトルをつけていた。このタイトルを見て、演歌のようなタイトルだと笑いながら爆笑したあと、この言葉をかけてくれた。私と友人も笑い合った。設計課題のタイトルをつけるときに、いつもこの言葉を思い出す。
高藤万葉（日本女子大大学院修士2年／日本女子大2015年吉松スタジオ）

―遊ぶ25―

全員が王の建築を好きでなくてもいいんだ
王の建築がいろいろな風に解釈されればいい

Everyone does not have to like your architecture. You can interpret your architecture in many ways.

卒業設計のエスキースで提案について自信がもてず、選んだテーマが本当に大丈夫なのか、不安になっていたときの言葉。その後も何度か不安になったことがあったが、この言葉を思い出して、迷わず前に進めた。
王欣（建築設計事務所／東海大吉松研19期生）

―遊ぶ26―

手が動かないからな〜
Design by hand. You don't use your hand for the design.

「良いストーリーができても建築にできなきゃ意味がない。僕たちの仕事は良い空間（建築）をつくること。だけど良い空間をつくったところで、説明できなきゃ意味がないんだけどね！」――いつもの笑い方でニコニコと話してくれたことを覚えている。モンモンと悩んだ挙句、自分を信じて思い切って決めるときによく思い出す。

吉田圭吾（建築設計事務所／東海大吉松研8期生）

―遊ぶ27―

峯尾だったらもっとできると思ったのに
I thought you can do more.

エスキース時の一言。私への過剰評価だったのか、あまりもできが悪かったのか――とにかく期待に応えられなかったことが悔しかったのを、今でも覚えている。自分では考えたつもりでいたが、まだまだ検討不足であることに気づかされ、もっとできるんだとやる気にもつながった一言。

峯尾穂香（建設会社 設計／東海大吉松研9期生）

── 遊ぶ28 ──

天野はできるはずなんだけどな〜
I know you can do more.

手は動かないし、言葉で表現することも苦手で、根がネガティブな私。いや、元々できないよ、勘違いしてる、と思っていた。就職してから、手を動かすことの大切さを身に染みて感じ、えいや！と開き直り、説明すると、案外受け入れてもらえたり、伝わったりする。大事なのは、行動する勇気かもしれない。数年経ち、できる私に近付きたいと思わせてくれた言葉。
天野鈴瀬（建設会社 設計部／東海大吉松研11期生）

―遊ぶ29―

しんど…
Tired...

徹夜でコンペのパネルを作成していたときの呟き。普段、いつ寝ているのか分からないくらいエネルギッシュなのに、モンスターを飲んで作業している姿を見たときは、同じ人間だったんだ…と感じた（魔法使いか何かだと本気で思っていた）。いつも怒られていた時期だったけれど、このとき、距離がすごく縮まった気がする。
板部奈津希（建設コンサルタント／東海大吉松研14期生）
山田佳奈（住宅設計／東海大吉松研14期生）

―遊ぶ30―

心してかかれ！
Do it!

メールでのエスキースの末尾に添えられる一言。追い込みのときはいつも添えられていた。今でも勝負所で自分にこの言葉を言い聞かせる、と気合いが入る。リポビタンDみたいな言葉。
北澤諒（建設会社 建築設計／東海大吉松研9期生）

―遊ぶ31―

塩パスタが一番安い
Pasta with salt is the cheapest.

アトリエ勤務でお金がなかった時代に、何を食べるのが一番安上がりなのか、真剣に検討した経験を飲み会で話してくれた。塩だけのパスタなんて、どれだけ貧乏だったのだろう…と心配になったが、建築にすべてをかけてきた本気を見た気がした。
井口菜々子（設計事務所／日本女子大2007年吉松スタジオ）

―遊ぶ32―

建築は決断する勇気が必要
Architecture needs courage to make decisions.

とにかくたくさん案を出してどれが良いか悩み、他人にその決断を委ねようとする弱さに悩んでいたときにもらった言葉。最終的に決定するのは自分自身であり、積み上げてきたものに自信をもって決断し、常にワクワクしながら素直に設計を楽しめばいいのだと勇気をもらった。
小野里紗（建築設計／東海大吉松研18期生）

―遊ぶ33―

建築は決断する勇気が必要
Architecture needs courage to make decisions.

考え事をするときは未だに頭に浮かぶ言葉。悩むことの多い自分にとっては、これからもずっと課題。決断は設計のためにはとても大切であると教わったと同時に、自分の一番の欠点を改めて理解した言葉。
寶優樹（建築設計／東海大吉松研18期生）

―遊ぶ３４―

なぜだか考える
Think of the why.

なぜそうなるのか。なぜおもしろいのか。この1年で一番重要だと感じた言葉。建築を設計する者にとって、良い空間であることはフィーリングではなく、具体的な理由を抽出することによって、設計にフィードバックできるのだと感じた。
岩崎達（大学院／東海大吉松研19期生）

―遊ぶ３５―

いろいろつくってくるのはいいけど、考えないで動くからなぁ〜　もったいない
It is not but to make various model, but you never think before making. It is so wasteful.

私がゼミのときによく言われていた言葉。がむしゃらに模型をつくり、持って行ってはダメ出しの繰り返し。むやみに突っ走っているのを見透かされていた。考えないでがむしゃらにやっていた。
脇島勝彦（製造／東海大吉松研9期生）

―遊ぶ３６―

つまらないと思うことを、なぜつまらないのか と考えると、おもしろくなる

Even if you do not go to the field of design, the design process that you learned will be usable everywhere.

デザイン研究の発表のときに4年生全員に対してかけられた言葉。設計だけでなく私生活においても、今でも思い返し、自分に問いかけている。設計の仕事をする中で、興味をもてないプロジェクトにかかわることがある。そんなときは、なぜ興味をもてないのか、つまらないと思う原因は何のか、と考えるようにしている。すると、いつのまにかどうやったらおもしろい仕事や提案になるのか考えている自分がいる。私の原動力になっている言葉のひとつ。

今泉秀哉（設計事務所 開発 設計／東海大吉松研10期生）

―遊ぶ37―

あれは酷かったよなー！（笑）
That was terrible!

研究室に呼び出されたときに、号泣し過ぎて、つけまつげもアイラインも黒い涙となって流れていった顔を思い出しては、毎度言われたセリフ。なんとなく今でも頭の片隅にいる。化粧品を選ぶポイントにウォータープルーフが加わり、おばけみたいに濃いメイクが改善されていった（はず）。
板部奈津希（建設コンサルタント／東海大吉松研14期生）

―遊ぶ38―

おっ！ いーねー！
Oh, nice!

沖縄の集落デザイン研究をまとめたの冊子を見ての一言。表紙がアムロちゃん。
渡邉修一（大手組織設計事務所／東海大吉松研8期生）

あはははっ
Hahahaha

初めて会った学部のAO入試面接の第一印象から現在に至るまで、目の横をクシャっとさせて笑う印象が強い。海外研修や大学院のゼミ旅行、日常の他愛もないLINEでのやり取りまで、ただただ楽しく、ユーモアに富む。そこからいろいろな刺激を受け、今の私がいる。誰よりも前に突き進む人のように思う。そんな背中はかっこいい。

猪狩渉（山手総合計画研究所／東海大小沢研）

― 遊ぶ40 ―

筋肉ばか
Muscle mania

確か大学院ゼミ旅行のときに言われた。これは完全に褒め言葉ではない。
越田尊心（大工／東海大吉松研15期生）

― 遊ぶ41 ―

お買い物1号2号
Shopping girls no.1, no.2

アメリカの研修旅行のときに同期・野川とよくお買い物をしていたら命名された。
関口朋実（建築設計／東海大吉松研15期生）

Passage

―遊ぶ42―

じゃ、フォワード2トップから発表してー
Then, please start it from the forward 2 top.

同期の佐々木美幸と私のことをこう呼ぶ。うるさくて大雑把で、言うことをきかない私達を形容していたのだろう。だからゼミの発表は、ほぼ私達のどちらかから始まることが多かった。誰に対してもフラットに、そしてポジティブに自らの考えを伝える人になれ！どんな状況でも――ということだ思っている。二人ともファンタジスタには遠いけど、日々のポジションは常にフォワードを貫いている。
宮澤祐子（東京都職員／東海大吉松研7期生）

― 遊ぶ43 ―

いったんリセットして考える
Think from scratch for argument sake.

ひとつの作品をつくり上げる過程で、それまで考えてきたデザインやコンセプトを引きずりながら完成を目指していた。しかしそれではうまくいかず、悩んでいたときにかけられた一言。迷ったときは一度リセットして考え直すことで前に進めるようになった。仕事や子育てでも壁にぶち当たったとき、この言葉に何度も助けられている。
安藤友里香（販売／東海大吉松研7期生）

― 遊ぶ44 ―

忙しいときでも化粧をしろ
Do makeup even when you are busy.

卒業設計泊まり込みの時期、14期の女子の先輩たちが言われたと聞いた。どんなに忙しいときでも、身なりを整えてきっちりすると、気持ちが落ち着き、リセットすることができる。今でも徹夜明けは、しっかり化粧し直すように心がけている。
半田千尋（建築設計／東海大吉松研15期生）

― 遊ぶ 45 ―

一次情報を大事にしろ
Take care of primary information.

ネットや本に書いてあることより、自分で街に出て調べろ、そういう自分の目で見て得た情報に意味があるということ。
三木友親（建築設計／東海大吉松研15期生）

― 遊ぶ 46 ―

視野を広げて動いてみながら考える
Think while moving the field of view widely.

設計で行き詰まったときや転職で悩んでいたときの言葉。まずは何でもいいから、行動することで見えてくることはたくさんある、ということに気づいた。私は悩んで動けなくなってしまうことが多いので、社会人になってもよく思い返すことで、行動に移すきっかけになっている。自分の頭の中の知識や想像力には限界があるし、いろいろな人に会って話を聞くことは大事であると教わった。
山田佳奈（住宅設計／東海大吉松研14期生）

―遊ぶ47―

同じ値段なら、ケーキの食べ放題に行くより、ものすごい美味しいケーキをひとつ食べた方がいい

You had better to eat the only one super delicious cake at the same price rather than going to the all you can eat cake.

当時は食事の際に「量より質のほうが大事だろ？」と、言われているだけだと思っていたが、良いものを経験しておくことの重要さを教わった言葉だと今は思う。美味しいものを食べる、良い建築を体感する、素晴らしい音楽を聴く、たくさんの人の意見を知るなどの自分自身でリアルに経験したことが、今後、良いものを生み出していく上で貴重な材料になるのだと気づかされた。

板部奈津希（建設コンサルタント／東海大吉松研14期生）

―遊ぶ48―

ほんと面倒くさいなぁ（笑）
It is really troublesome.

学部3年のころから卒業後もずっと言われ続けている言葉。楽しい話、真面目な話、内容を問わず、少しでも腑に落ちないと話を膨らませ、おしゃべりしてしまう私の話しを、「ほんと面倒くさいなぁ（笑）」と言いつつも最後まで聞いてくれた。また、その都度バラエティに富む話をたくさんしてくれた。思えば、そのたくさんの会話の中で、知らず知らず、教え、導かれたことが多かったと感じる。
今野未奈美（温浴施設設計／東海大吉松研12期生）

―遊ぶ49―

おもしろいなあ〜、もっと自分らしく自由にやればいい
Interesting. Do freely, be yourself.

ことあるごとに、言われた記憶がある。周りに流されず、自分らしくあること。悩み、後悔するのではなく、笑って過ごせるよう決断をすること。頭で考え過ぎず、行動すること。大切なことを教えられた。
鶴巻穂（住宅リフォーム会社／東海大吉松研10期生）

―遊ぶ50―

楽しい提案は楽しんでいる人からしか生まれない　悩んでいるは免罪符にはならない　とにかく手を動かす

Interesting project is created only from people who enjoy it. What you are troubling is not an excuse. Move your hands anyway.

この言葉は個人的に、というより、悩んでばかりでなかなか次へ進まない16期の全員へ向けられた言葉。頭で考えるだけでやっている気になっていた私たちにとても響いた。この言葉を境に、少しずつではあったが、トレーシングペーパーなどを活用してぐりぐりと描くようになり、そこから見えてくることがたくさんあった。どんなことが起きるか、何ができたら楽しいか、想像し、描いて悩んだ卒業設計のことは、今でもはっきりと思い出せる。
田澤莉奈（ハウスメーカー／東海大吉松研16期）

― 遊ぶ５１ ―

古水の作品はホラーだよね
Your work is horror, isn't it?

代官山を舞台にアートを展開するという課題で、相当なテンションでつくった作品についてのコメント。しばしの無言の後、笑いながら言った「ホラー」という言葉は、かなり予想外だった。しかし、インパクトを残せた気がして達成感もあり、自分の中で予想外の言葉は最上級の誉め言葉へ変化した。デザイン研究がうまくいかず絶望していたときの救いの言葉だった。
古水優（不動産会社 設計／東海大吉松研13期生）

― 遊ぶ５２ ―

今回の課題の中で、一番の問題作です
It is the most problematic work in this issue.

今回は実現できそうな作品をつくろうと考えて挑んだ、最初のエスキース。「もっとやりたいことやれば？」という一言に、「ですよね！」とまったく形を変えて挑んだ。中間講評でみんなの前で言われ、恥ずかしかった。あとから「あれは褒め言葉だよ」と言われ、救われた。
本井加奈子（ゼネコン 設計／東海大吉松研17期生）

模型が下手でも大丈夫　つくるのは大工さん

Don't care about you can't make precise model. Actually architecture is built by carpenter.

突出して手先が不器用な私に言ってくれた一言。この言葉でずいぶん設計に気楽にのぞめるようになったことを覚えている。
浅野まなみ（子育て中／東海大吉松研10期生）

―遊ぶ54―

すごく頭のいい人は建築には向いてない
Too clever people is not suited to architect.

この言葉を今でもはっきりと覚えているわけは、言葉の真意を聞きそびれてしまい、答えが分からずじまいになってしまっているからだ。卒業してしばらく経つが、未だに答えを見つけ出せていない。
黒岩友紀（建設会社／東海大吉松研10期生）

―遊ぶ55―

すごく頭のいい人が建築に向いてないのは、建築には無駄が必要だからだよ！
The reason why too clever one is not suited to architect, is that irrational things is indispensable for architecture.

この本の制作中にもらった9年越しの答え。
黒岩友紀（建設会社／東海大吉松研10期生）

―遊ぶ56―

で？
What do you want to say?

徹夜で発表の準備をして、必死にプレゼンしたあとにこの言葉が出たときには、頭が真っ白に…何度も言われて相当打ちのめされたが、それを乗り越えて評価されたときは嬉しかった。まさに飴と鞭。今でも思い出すと背筋が伸びる。
米本雅喬（設計事務所主宰／東海大吉松研7期生）

―遊ぶ57―

ふむ
Fuhmm

メールやBBSなどのコメントに書いてあると、なんとなく安心する言葉。
橋本未来（自営／東海大吉松研12期生）

だって美しくないもん
Because it is not beautiful.

課題の作品に対してコメント求めると、この一言を笑いながら言って去っていった。いつも難しいこと言ってるのに、急に感覚的なことを言われて戸惑った。でもそれ以上に先生の言葉づかいなのか?と思った。でもこれは序の口で、この後も何回も言われた。結構、私に対して適当にはぐらかすこと多かった。愛情の裏返しであろう。

斉藤詩織(建設コンサルタント/東海大渡邉研)

―遊ぶ５９―

また太ったな！
You got fat again.

研究室で1対1で話したときや、卒業後に再会したときの言葉。正直、研究室に入るときは足が震えて怖かったが、何気ないこの一言に優しさを感じ、少し緊張が解けた。次に会ったときには「痩せたな」と言われるように頑張りたい。
落合拓也（建築設計事務所／東海大吉松研14期生）

―遊ぶ６０―

しっかりしてなさそうで、しっかりしてそうで、でもしっかりしてないような…よく分からん
You look like you have no backbone, but sometime you have backbone, sometime you don't. I can not understand you.

うろ覚えだが、笑って言われたことが印象に残っている。自分ではしっかりやっているつもりでも、周りからはふらふらしてるという評価が多かったので、よく見てくれていたのだと思うと嬉しかった。
浅野まなみ（子育て中／東海大吉松研10期生）

—遊ぶ61—

お笑い枠だから
Because you are a comedian entry.

笑ってこう言った。勉強ができない私を、こうやって研究室に受け入れてくれた。昔から問い続けていた「自分とは何か」の答えをもらったように感じた。12年の間、この言葉に支えられ、地方自治体で奮闘する傍ら、趣味の落語やご当地ヒーローの活動で笑いを届けるのが、今の生き甲斐である。感謝しきれない。お笑い枠万歳！
後藤綾（多可町役場職員／東海大吉松研7期生）

Love
愛する

素直な"好き"をエネルギーの根っこに
Your true passion needs to become the source of energy.

2002年の建築研修旅行で、一緒にオーギュスト・ペレのル・ランシーのノートル＝ダム教会を訪れた。建築の美しさ、凛とした空間の心地良さが鮮烈だった。一目惚れだ。この教会を研究テーマに決め、この出会いへの感謝を伝えた。好きという気持ちは大きなエネルギー、そういう素直な「好き」をエネルギーの根っこにもって研究できるのはいいな、と背中を押してもらった。今の学生も、素直な「好き」というエネルギーを大切にしてほしい。
深川絵里香（マーケティングリサーチ／東海大羽生研）

Passage

—愛する02—

天国みたいだな
It's like heaven.

イギリスの田舎にある庭園で働いていたころ、ロンドンからはるばる訪ねてきてくれた。そのとき一緒に訪れたある町で、光に照らされ輝く風景を見て、天国みたいだと思ったのだが、何だか大袈裟な気がして口にはできなかった。だが次の瞬間、さらりとこの一言を口にした。自分が感じたことを素直に言葉にして他者と共有することは、何かを生み出す第一歩なのだということを、今ひしひしと感じている。

畑 裕子（ランドスケープアーキテクト／日本女子大2003年吉松スタジオ）

―愛する03―

勉強できるって才能なんだよ
Study well is a talent.

自ら知識を得ようと努力することは、大学生にとっては当たり前のことかもしれないが、実際はできない人が世の中にはいっぱいいる。だから勉強ができるって、ひとつの才能なんだよ――今でも覚えている日常会話のひとつ。
黒岩友紀（建設会社／東海大吉松研10期生）

―愛する04―

英語ができるんだから、もっと世界に羽ばたけ
You can speak English, go out into the big world.

この言葉を支えに、フランスへの留学を決めた。何かにチャレンジしようとしたとき、いつも背中を押してくれた。どんなネガティブなことを言ったとしても、いつも長所を褒めてくれた。最初の出会いはアメリカの海外研修。上級生ばかりで周りに知り合いがいない自分を気にかけてくれて、温かさを感じた。
明永瞳（デザイナー／東海大吉松研17期生）

― 愛する05 ―

勉強を続けてほしいな
I want you keep studying.

学部を卒業してすぐに就職した。30歳になってから大学院で勉強したいとの思いが出てきたが、仕事や出産などを考えると今更だよなぁ、と思いながら相談に行った。「探せば奨学金もあるし、働きながら週に数日、大学に行くこともできる。子どもも体を鍛えれば大丈夫。勉強を続けてほしいな」と言われた。勉強したい気持ちを肯定して、応援してくれた。
井口菜々子（設計事務所／日本女子大2007年吉松スタジオ）

―愛する06―

決断をすること
To make decisions.

設計に携わる前に現場を見たいと今の会社に就職したが、なかなか設計へ進路転換するタイミングを掴めずにいたとき、もらった言葉。「決断をするんだ、チャンスは今しかない」──頭で考えてばかりだった私は、決断から逃げていたと気づかされ、背中を押してもらえた。
野川栞里（実施設計／東海大吉松研15期生）

―愛する07―

終わってなくてもいいから体だけでもこい
You do not have to be finished, just come.

デザイン、設計論の授業での言葉。できていなくても引きこもらずに出てくればいいということだと思う。できていなく焦ったり、できてなさが尋常じゃないときには怒られる！とか、評価が下がる！とか逃げたくなるけど、逃げないで出してみると案外普通に評価がもらえたり、怒られなかったりする。クオリティが低くても出すことで必ず前に進む。励まされる言葉として思い出す。
半田千尋（建築設計／東海大吉松研15期生）

―愛する08―

逃げるな
Do not run away.

僕は同期の中で、一番の問題児だったと思う。周りは設計ができるけれど、僕はできずにひねくれていたため個人的に呼び出しが多かった。この言葉は、目の前の課題から逃げていたときに言われた。当時は「なんだ！」と思ったが、今考えれば、僕に向き合おうとしてくれていたのだと分かる。それに応えられなかった当時の僕に、頑張れと言いたい。仕事が辛く、嫌になると、この言葉を思い出して頑張っている。今度は逃げない。
越田尊心（大工／東海大吉松研15期生）

—愛する０９—

建築をやめないでほしい
Please do not quit architecture.

納得のいかない卒業設計をしてしまい、後悔が頭のすべてを占め、どうにも動けなく、いっそ建築の記憶をすべて排除したいとさえ思い、周囲を拒絶した。そんな中もらった何通ものメールの中で、重く心に残った言葉の一つ。当時は返事ができず、今返信するならば「やめられませんでした。テーマを今も考え、いつか気持ち良い温泉とともに先生や同期、先輩後輩、多くの人の心身が癒える施設をつくりたいと思っています。」と返したい。
今野未奈美（温浴施設設計／東海大吉松研12期生）

—愛する１０—

大丈夫だよ　やりたいことをやれば
It's okay. If you do what you want to do.

私はスタジオに所属していなかったが、設計課題をとる学生が限られてきたことや、私の進んだ大学院がゆかりの深い学校だったことで、とてもよくしてもらった。これは私が大学院の修了設計に行き詰まっていたとき、ふとメールをもらった一部。つくったスタディ模型の写メを送ってアドバイスを受けていた。設計することとは何か、など、悩み込んでいたのが、シンプルに言ってもらったことで「自分の本当にやりたいことをやろう」と思え、先に進めたのを覚えている。
倉田加奈子（設計事務所／日本女子大2007年吉松スタジオ）

―愛する11―

同じ会社で働き続けることって、実は大変なことだよ　エライよ
It's really tough to keep working at the same company. It's honorable.

社会人になって3年目くらいの忘年会の席で、建築や設計に関係のない仕事に就いていた私が、少し居心地悪そうにしていたのがバレてしまったときの言葉。当時の私にとって、すごく心が晴れた言葉だった。建築だけでなく、人生を見てもらえていると感じた瞬間だった。それ以来、どんなことでも一度始めたら粘り強く続けている。そして今、入社から13年が経とうとしている。
坂井慈子（不動産仲介業保険代理店／東海大吉松研6期生）

―愛する12―

厳しい職場じゃないとな　○○事務所がいいか
You should go to a strict place , ○○ atelier is suitable for you.

就職活動中の雑談での一言。自らを追い込むことが苦手であったため、厳しい環境で自分を磨くべき、と冗談混じりに喫煙所で言われた。エールだと感じたとともに、その後の自分が変われたかどうか、まだ自信がないので、申し訳なさも感じている言葉。
谷中田浩平（住宅リフォーム／東海大吉松研9期生）

―愛する１３―

辞めずに続けているってことは、向いているってことなんだよ
To continue without quitting means that it is your place.

会社に勤めて３年経ったころに言われた言葉。大学院を修了してから、今の仕事しか知らなかった私は、「自分はこの仕事に向いているのか」「ほかにもっと向いている仕事があるのでは」と漠然とした不安を抱えていた。社会に出て10年余り経つ今でも、ふとしたときに漠然とした不安に駆られる。そんなとき、この言葉がそっと私を支えてくれる。ちょっとしたお守りのような言葉。
横山綾子（設備設計／東海大小沢研）

―愛する14―

まず、自分が何に悩んでいるのか研ぎ澄ますこと　答えを出すことではない
Sharpen what you worry, not to get an answer.

悩んだとき、私はよく分からないまま悩みに陥りパニックになってしまう。それで周りに多々迷惑をかけてきた。しかし自分の心を整理し、研ぎ澄ませれば、案外それは単純なことだったりする。それに気がついただけでもずいぶんと楽になる、小さな魔法の言葉だ。
中西智子（設計事務所／東海大吉松研11期生）

―愛する15―

僕は芝山のほうが好きだったな
I liked the idea of small grass hills better.

私も芝山のほうが好きだったのだ。「デザイン4」のスモールリノベーションの課題の際、初めは芝山をつくろうと考えていたのだが、ほかの先生や先輩に反対され、中間提出では別の提案をした。そのときにこの言葉をもらい、最後の1週間で芝山を完成させた。何でも見透かしていて、導く、最強の建築家であり指導者だと思った。
島田真純（東海大渡邉研）

─愛する16─

悩むことも才能
Having a conflict is also an ability.

卒業設計で、形が固まらず、スタディ模型をいくつつくってもピンとこない。中間発表が迫ったころの言葉。「悩めるだけの材料を集められたのだから、それも才能だよ。」結局、たくさんつくったスタディの中でピンとくるのは、一番最初につくった模型だった。設計事務所で働いている今も、そういうことは多々ある。だからこそ最初のインスピレーションを大事にしている。
坂田旭（設計事務所／東海大吉松研9期生）

―愛する１７―

何しようとしてるか分かるか？　直球投げるんだから豪速球投げればいいんだよ
Do you understand what you are doing? Throwing a straight ball? You just throw ultimate fastball.

修士設計で、建築設計では直球とも言える、〈光〉や〈陰〉がテーマだと分かり始めたときの言葉。気づけば今も頭の中にあって、迷ったらこれ。
渡邉修一（大手組織設計事務所／東海大吉松研8期生）

―愛する１８―

それでいい
That's fine.

なんてことのない言葉だが、GOサインのような肯定的な言葉が出てくるのは、いつもエンドロールも終わりかけのタイミングで、囚われの身から解放される気分だった。卒業設計で、迷いに迷ってもう迷う道すらなくなり、悩み抜いて辿りついた1案で進めそうになったとき。その言葉によって、そこからの加速は、これまでの人生で感じたことがないスピードだった。一言に悩まされ、一言に成長させられた1年間だった。
三木友親（建築設計／東海大吉松研15期生）

174

丸山らしさは何？
What makes you as you?

―愛する１９―

卒業設計の中で一番意識した言葉かもしれない。この言葉があったからこそ、頭でっかちにならず、どの街にでもできるようなものにもならず、私が地元に抱いていたものを素直にストーリーにできたのではないかと感じている。この研究室だったからこそできたものだと思う。
丸山紗季（リフォーム設計／東海大吉松研18期生）

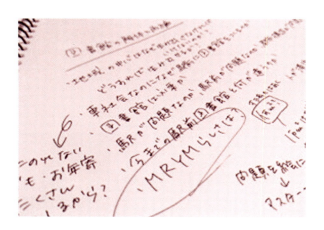

― 愛する20 ―

背伸びをしたり周囲を気にすることなく"素直"に自分の興味を見つめる
Watch your interest straight forwardly without overreach or concern the surroundings.

卒業設計のテーマが決められず悩んでいたときに相談をしに行くと、「自分のやりたいことをやればいいんだよ」と優しく言ってくれた。社会人になってから、周囲を気にし過ぎて自分のやりたいことを見失うことが多くなったが、この言葉を思い出すと、素直になることが一番の近道なのだと改めて気づかされる。
中林紘美（建設コンサルタント／東海大吉松研14期生）

― 愛する21 ―

素直になるには、自分を信じた上で相手のことを尊敬して、よく話を聞くこと
To be obedient, trust yourself, listen to stories often with respect to others.

学部を卒業し、進路も決まらずアルバイト生活をしていたころ、ある事務所に行かないかと声をかけてもらった。無事就職が決まったときに言われたこの言葉は、頑固で素直になれず、迷惑ばかりかけていた学生時代の私を知っているからこそのエール。これからも諦めずに自分を信じて設計を続けていくことが、一番の恩返しになると思っている。
若月優希（設計事務所／東海大吉松研16期生）

─愛する22─

デザインを考える上で必要なことがある　人間のための空間であるべき

Should be a space for human beings, that is what has to be thought about design.

デザインを考える上で必要なことがある──何のためにつくるのか、そのために必要なものは何なのか。そういうロジックすら立てられず、アタフタしていつも怒鳴られていた。そんな間違いだらけの「建築3歳児」には言われておくべき的確な言葉だったと、今更ながら思った。

中村浩貴（ゼネコン 設計／東海大吉松研18期生）

─愛する23─

温かく迎えてくれる"友だちの家のような"役場がほしい　図書館のような空間がたまたま役場であればいい

I'd like a warm welcome "like a friend's house" town office. I hope the space like a library happens to be the town office.

人や街とのつながりが希薄になっている地方にこそ、誰もが気軽に行けて、ゆっくり話ができるような場所が必要だと教わった。「何でもある」都会より、「何もない」と言われる田舎にそういう場所があれば、意図せず誰かと出会える場所になる。学んだことをしっかり発信し、社会に還元していきたい。

板部奈津希（建設コンサルタント／東海大吉松研14期生）

Passage

―愛する24―

人や地域から建築を考えていける人だけが、本当の建築家だと僕は思う

I think, one thinking of architecture in term of people and region, is a real architect.

何をもって自分自身を建築家だと言えるのか、そもそも建築家とは何なのか、と自問自答することがある。学生のころ、「都市を補強する建築」というテーマに興味をもったのは、この言葉がきっかけのひとつだった。このテーマは、自分の建築家としての考え方の原点だと思っている。たまに思い出しながら、日々設計をしている。目標を再認識させてくれる言葉。

八木優介（組織設計事務所／東海大吉松研11期生）

―愛する25―

机に向かってウーンウーンと悩んでいても、いつまで経っても答えは見つからない　悩んでいるくらいならやめてしまえ

Even though you worried in front of your desk, you can not find the answer no matter how long you think. Stop it if you are wondering too much.

言われたときは悔しくてたまらなかった…。社会に出て時間との戦いが多くなり、ようやくその意味が理解できるようになってきた。
大野正樹（ゼネコン 設計／東海大吉松研15期生）

―愛する26―

こんなトイレならない方がマシだよ！

No toilet is better than this toilet.

即日設計の課題で言われた一言。グサっときて、衝撃だった。でも今思うと確かに…と思う。今でもトイレのデザインを考えるときに、ふと蘇る。
石田志織（主婦・リノベーション設計／東海大吉松研8期生）

シンプルな設計をしてほしい
I want you to do a simple design.

卒業時に最後に言われたこと。どうしても頭から離れない。自分は頑固で、頭でっかちで、ロジックが破綻しがち。脳みそがフリーズする度によく怒鳴られていた。きっとそんな僕のことを思って言ってくれた言葉なのだと思う。いつかちゃんと設計できる日が来たなら、この言葉にだけには忠実でありたいと思う。
中村浩貴（ゼネコン 設計／東海大吉松研18期生）

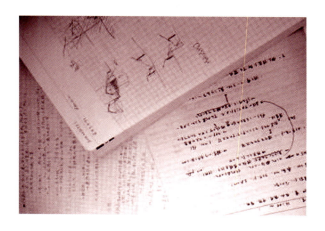

―愛する28―

最後に建築にならなくてもいいんだよ
In the end, it doesn't have to be an architecture.

当時の私は、建築学科にいながら、問題意識をストーリーとしてまとめ、形にするのが苦手だった。最後には「建築」にしなければと固執し過ぎていた。そのときにさらっと言われた一言。結果「建築」を意識し過ぎると新しいものはつくり出せない。歳を重ねた今、日々意識している最高の言葉。
宮澤祐子（東京都職員／東海大吉松研7期生）

今、曽根田の敷地にいる
I am on your site now.

—愛する29—

卒業設計提出間近の1月上旬にもらったメール。当時の自分の不甲斐なさを、今でも覚えている。このときのやり取りは、当時のガラケーからスマホになった今も、ずっと保存している。最後まで見放さないでくれたこと、その大変さ、優しさを決して忘れないように。そして自分もそうでなくてはならないと、今でもこの言葉に背中を押され続けている。

曽根田恵（高校教員／東海大吉松研12期生）

―愛する30―

一生にひとつでもいいから、世に自分の作品が残せればいいんだよ
You can leave your own work in the world as it can be just one in your life.

私は自信をもって世に送り出せる作品をまだつくれていないが、この「ひとつ」に向かって頑張りたい。
金子玲子（主婦・フリーデザイナー／東海大吉松研9期生）

―愛する31―

もっと自信をもて！
Be more confident.

悩み過ぎて思考停止していたときに言ってくれた。何をつくってもしっくりこなかった自分がもらった、建築の道へ進むためのお守りのような言葉。今でももち続けている。
横溝惇（設計事務所共同主宰／東海大吉松研7期生）

―愛する32―

論文組、悪いが○○を卒業させてほしい　完全カバー
Thesis's team, please make ○○ to graduate. Fully support them.

修士1年のとき、メールでの一言。このメールをもらったのが1月10日の23時46分、ここから提出までの期間はすごかった。電話越しの怒声に私は初めて泣いた。「無理です」と言える状況ではなかった。論文組だった私は全力で後輩の卒業設計をサポート。この経験によって、とりあえずジャンプしてみることを学んだのかもしれない。自分の修士論文もやばかったけれど、あの10日間はすごく濃い体験だった。
佐長秀一（ファシリティコンサルタント 営業／東海大吉松研11期）

―愛する33―

ゼミ旅行は中止です
Seminar trip is canceled.

ゼミ旅行を計画していたが、スケジュールやバス、宿の値段などを調整していたら2週間前まで決まらず、こう言われた。そのあとは尋常ではないスピードで日程や金額を即決し、どうにかゼミ旅行へ旅立てた。この旅行のおかげで、企画をする力がかなりついたと思う。
小松寛征（組織設計事務所／東海大吉松研17期生）

Passage

―愛する34―

ダメ　無理矢理つくる
No waste can be planned.

12月の下旬になっても卒業設計のテーマが定まらず、それでも設計を提出しなければならないときに言われた言葉。そのあと、夜中から朝までに10案考え出しゼミに挑んだ。この言葉のおかげで生まれ変われたような気がした。それらをまとめながら、最後まで設計を仕上げることができた。手を動かす事の大切さを知り、建築から逃げずに卒業設計を終えられたように思う。

中里祐輝（大学院／東海大吉松研19期生）

―愛する35―

おまえの完成模型は、感性の模型だな
Your completed model is emotion model.

夜中3時まで頑張って、自分的には最高の完成度だと思って提出した模型に対して言われた、究極のコメント。うまい。むしろ、感性を感じ取ってもらえたことが優しさだったのだと、大人になって気づいた一言。
佐々木美幸（茅野市役所職員／東海大吉松研7期生）

―愛する36―

力が抜けている
Your design is relaxed.

設計課題ではいつもカチカチな提案ばかりしていたが、多層建築の課題で少し変わった提案をしたとき「藤田らしい！ 力が抜けている！」という言葉をもらった。この言葉で自分らしい建築を客観的に考えられるようになった。
藤田江里子（自営／東海大吉松研12期生）

―愛する37―

よくつくってきたな！
You made it well!

修士設計が思うように進まず、苦し紛れに街の模型を1/30スケールでつくっていったゼミでの一言。頭で考えるのが苦手な私はこの言葉に勇気をもらい、とにかく街の模型をつくってから考えることに徹して、なんとか設計をまとめることができた。シンプルな一言だったが、自信を失くしていたときにこの言葉をもらい非常に嬉しかった。今は施工管理の仕事をしているが、この言葉をまたかけてもらえるよう、日々巨大な模型づくりに邁進している。
加藤隼之介（施工管理／東海大吉松研12期生）

―愛する38―

絶滅危惧種だから保護しないと
Architects are an endangered species, it must be protected.

設計事務所を構えること、建築家として生きていくことが、いかに険しい道なのか、冗談交じりに笑いながら話してくれたことが印象的だった。無我夢中に気を張って建築に向かい合ってきたけれど、保護対象かと思うと思わず笑ってしまうが、応援してくれる気持ちや守ってあげたいという優しさが同時に伝わってきて、嬉しかった。自生できるように頑張りたい！
山口紗由（建築家／日本女子大2006年吉松スタジオ）

―愛する39―

そうか！ これは生活の提案をしているんだ 自信をもって、表現を変えればもっと伝わるのに！

Really! Your proposal is for living, isn't it? With confidence. If you change the expression, you can convey more!

日本女子大学の卒業設計展でもらった言葉。私の提案は建物を設計したというより、生活や行為を提案したものであった。審査員にうまく伝えられず、とても落ち込んでいた。けれど「自信をもって」という言葉をもらって嬉しくなった。続けて「ムービーをつくったら分かりやすいのにね」とほほえんだ。その笑顔に、私も元気が出たとともに次の講評会に向けて頑張ろうと思えた。

高藤万葉（日本女子大大学院修士2年／日本女子大2015年吉松スタジオ）

―愛する40―

分からないことを分かることが大切
It is important to understand what you do not understand.

この言葉で、現在の自分に何が足りておらず、何を分からないまま進めているのか、自分自身を理解しようと思い始めた。そして目標をつくり、その目標に向かい進む限り「分からないことを分かる」ということがどれだけ大切か、改めて感じた。だからこれからも分からないことを分かるようにしようと思う。
寳優樹（建築設計／東海大吉松研18期生）

―愛する41―

こういうことだよ
This is how it is.

修士設計のテーマに悩み、モヤモヤしていたころ、駿府教会を訪れた際にかけてもらった言葉。その一言で、気持ちが晴れ、背中を押されたように思う。こんな僕でも見捨てず、手を差し伸べてくれた。
小島尚（建設会社 生産技術／東海大吉松研9期生）

―愛する42―

日本語がよく分からない
I do not understand your Japanese well.

プレゼンや文章で人に伝えることが極端に下手で、卒業設計の際に毎度のように言われていた言葉。大学院へ進学して毎週のゼミで文章や言葉で伝える力がいかに大切なことかを再認識し、今ではプレゼンの準備の際に毎回この言葉を思い出しては自分の想いを伝える工夫をしている。
小松寛征（組織設計事務所／東海大吉松研17期生）

―愛する43―

もうムリ　もうダメ　もう間に合わない　ふざけているのか　おーーーーい　しっかりしろ　うーん日本語になってない　ほんと女子力がない
Time up! That's it. You won't make it in time. I can no longer make a mistake anymore. Are you joking around? Oooooh. Come on. Well, it's not Japanese. There is really no girlishness.

私が泣き出すセリフの数々。いったいどれだけ怒られたのかと思うとゾッとするし、申し訳ないが、無駄な自信ばかりある私が、自分と向き合い、等身大の自分を知ることができた。できていないことを、たくさんダメ出しされながらも頑張らないと、と思えたのは、どれも想いのこもった言葉だったからだろう。研究室での3年間の日々が、今では私の強さになっている。
板部奈津希（建設コンサルタント／東海大吉松研14期生）

―愛する44―

分かる？　言ってること？
Do you know what I meant?

ゼミでほぼ毎回言われたこのフレーズ。気がつくと、今では自分でもよく使っている。建築の計画・設計は、当然、完成まで実物を確認することはできず、そのプロセスにおいて自分の考えを正確に伝えることは必須である。自分の伝えたいことがきちんと相手に伝わっているかの確認としてこのフレーズを捉えると、言葉の裏側に込められた親心が垣間見える。しかしながらゼミに参加した当時は少しばかり怖れを感じたのもまた事実である…。
小川恭平（ハウスメーカー デザイナー／東海大吉松研6期生）

―愛する45―

この作品の優れたところは…
Excellent point in this work is...

学期末の講評会で、ほかの先生から私への質問に対して真剣に答えてくれている姿を見た。何百人のうちのひとりの作品であり、伝え方も表現も乏しい中で、良さを見出し、導いてくれた。今、仕事をしていく上で、欠点ではなく、何が優れているのかを探そうと努めている。その優れたものが欠点をカバーするくらいの力をもてば、うまくいくと思うようになった。
望月香里（不動産 営業補佐／東海大吉松研10期生）

―愛する46―

泥臭くエネルギッシュな作品…、高く評価したい
I want to evaluate the unrefined and energetic work.

作品が『近代建築』別冊の卒業設計集に掲載されたときの批評。不器用でもがむしゃらに努力した結果を評価してくれたことへの感謝と、教育者としての愛情を感じた。今も要領がいいとは言えないが、泥臭さを誇りにして生きている。
脇島勝彦（製造／東海大吉松研9期生）

—愛する47—

山口さんのは1年生らしくていいね（笑）
Your work is so good as very first year student work.

学部1年のとき、初めて出ることができた講評会での一言。図書館から本がなだれ落ちるイメージで、ただやりたいことを表現した私の模型はどこか不安定で、落ち着きがなかった。隣に並ぶ同級生の作品が優秀に見えて恥ずかしい。そんなとき、普段の真顔が一転、満面の笑みでコメントをしてくれて、少し胸を張れたのを覚えている。よく考えたら褒められたのかは少し謎であるが、なんだかとても嬉しくて、この作品は今でも私の原点である。

山口智子（東海大野口研）

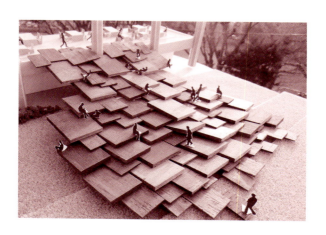

―愛する48―

小林なら大丈夫だよ
You can do it.

卒業設計も就職も、本当は何ひとつ大丈夫じゃない状況にあったときにかけてもらった言葉。そのときはまったくピンとこなかったが、不思議とことあるごとに浮かんできては、励まされる。今でも私の支えとなっている言葉。
小林祥子（Webデザイン会社／東海大吉松研10期生）

―愛する49―

大沼が選んだ道　きっと大丈夫
That is the way you chose, it should be fine.

就職活動を終え、決断に不安を抱きながらも1社に絞ったことを伝えた際、このエールをもらった。当時、親族以外の大人の意見が聞きたくて、とにかくよく研究室に相談に行っていたものだが、そんな煮え切らない私にとことん付き合ってくれた。この言葉は、私が出した答えにマルをつけてくれたように思えた。無事社会人となり、健康的な毎日。今後も、きっと大丈夫。
大沼由実（ゼネコン 意匠設計／東海大吉松研16期生）

― 愛する 50 ―

人生最後にはうまくいくようにできている　だから大丈夫
The life is made to go well at final instance, in any case you will do well.

卒業後、私生活で失敗をして落ち込んでいたときに、微笑み混じりにもらった言葉。この一言で、ふっと心が軽くなった。失敗や挫折も、この先の自分自身の成長にとっては大事な過程であり、経験なのだと思えるようになった。私が一番大事にしている言葉である。「最後には、絶対に幸せになります！」
渋谷和馬（審査機関／東海大吉松研12期生）

―愛する51―

二人はいつも裸足だよね〜
You guys are always bare feet.

自宅の設計をお願いしたときの打ち合わせで言われた一言。自分たちでは意識していなかったが、そこからスプーンカットのフローリングを提案され、一番大好きな部分になっている。流石だと思った。自分もそんな提案ができるよう、施主との打ち合わせで、何かヒントはないかな、と足もとをじっと見てしまう。
石田志織（主婦・リノベーション設計／東海大吉松研8期生）

―愛する52―

白いキャンバスのような空間をデザインしました　時間の経過とともに二人らしい空間にしてほしいと願ってます
I designed a space like a white canvas. I hope that this space will become like yourselves with the clock ticking way.

10年前、設計してもらった空間は、普遍的な居心地の良さがあり、大好きな空間のひとつだ。この間に起業や出産などがあったが、可変的なこの空間は、住宅、SOHO、OFFICEと用途を変え、常に僕らと一緒だった。不動産や建築と向き合う中で、この空間は初心を忘れないよう、語りかけてくれる特別な空間である。
遠藤啓介（不動産／東海大吉松研6期生）
遠藤[石田]志織（リノベーション／東海大吉松研8期生）

―愛する53―

本当に喜んでいる感じが伝わってきて、とても嬉しい報告だった
It was a very nice report that you are feeling really pleased.

私の生徒が高校の卒業制作を町長にプレゼンしたと報告したときの言葉。生徒のことを報告したつもりだったけれど、舞い上がっている私の方がよほど子どもみたいだったようだ。照れくささと「いつまでも学生でいられるのだ」という思いにほっとし、温かい気持ちになった。
曽根田恵（高校教員／東海大吉松研12期生）

―愛する54―

建築ができたら呼んでくれ
Call me when your architecture is built.

OBOG会の際に言われた言葉。社会人として、建築をつくる者として認めてもらっているような気がして嬉しかった。
出澤雄太（建築設計事務所／東海大吉松研17期生）

―愛する55―

君たち卒業生200名は、僕の"建築作品"だと思う
I think that 200 graduates are my "architectural works".

厳しい指導の根拠を知った言葉。OBOG会でいろいろな分野で活躍している卒業生に出会って、吉松研究室に入れて良かったと思った。僕も誰かをワクワクさせる建築作品のひとつになれるように頑張りたい。
小松祐太（ハウスメーカー／東海大吉松研15期生）

編集後記 (編集中の言葉)

一建築作品として向き合いたい

時間がない。著者は200人を超える。焦りと責任を抱えて一気に進めて後輩を驚かせたと思う。そんな中での子連れ公園ミーティングや、同期が見せた覚悟は、目まぐるしい日々の中に埋もれかけていた大事なことを気づかせてくれた。吉松秀樹の建築作品への情熱と執念のようなものにも触れられた。この本はきっと未来の私達を支えてくれる、時間と空間を超えた素敵なプレゼント。
狩野朋子（大学教員／東海大吉松研1期生）

これは建築だよ

床いっぱいに広がった語録を1日中眺み続ける日が何日も何日も続く。400以上の膨大な量の語録を編集する毎日。日々語録に励まされ、頷きながらの作業だった。思えばまだ学生だったころ、そして20代、30代と思い悩んでは相談し続けていたあのときと同じ！これからもずっと吉松秀樹の言葉に時折耳を傾けながら、そして伝え広げながらきっと歩んでいくのだと思う。
中坪多恵子（アーキテクト／東海大吉松研1期生）

もう少しネジを巻いたら諦めないでいてもらえますか

出版を諦めると言われ私がこの言葉をかけたとき、LINEの返信スタンプはため息ばかりだった。一つひとつの文字、言葉が声として聴こえてくるようで、語録に込められた思いとともに立体となり、吉松秀樹をつくり上げる本の完成が笑顔の花束になるようにと願っている。卒業して20年、素晴らしい仲間との創作は胸の奥にしまってあった熱を再び感じさせてくれた。両手いっぱいの感謝を込めて。
平澤 暢（駅商業開発／東海大吉松研1期生）

先生、変わらないですね

卒業してから何もかかわってこなかった私を、手伝ってほしいと名指ししてくれた！なんて光栄なことだ！！先生にお返しするつもりで喜んで参加して、今さらながらつながりを持てた吉松研卒業生達（笑）。人とのつながりをこの本から教えてもらった。先生の大切にしてきたものがこの本には詰まっている。先生はおもしろいものをつくるし、やっぱり凄い！ありがとう。
上松瑞絵（デザイナー／東海大吉松研2期生）

できるだけ早めに、急ぎで

SNSのお陰で過去を遡るのにそう時間はかからなかったのは幸いだった。しかし個人の今置かれている状況は見えにくく互いにどこまで協力できるのか？最初は探り合いを繰り返した。一時は停滞したが、先生が一気に加速させた。この本が完成したのは編集チームの中でも特に最前線で戦った方々の努力の賜物だろう。先生と教え子の壮絶な設計行為を垣間見て、当時の緊張感が蘇った。
海老沢有吾（建築設計／東海大吉松研2期生）

言葉のニュアンスを感じとれ！

言葉は生き物である。同じ言葉でも、誰がどんなシチュエーションで発したかによって、そのニュアンスは大きく異なる。実際の言葉に表れる部分は氷山の一角。大切な言葉たちを他言語へ翻訳する作業は、その言葉の背後にあるニュアンスを汲みとって再現性を高めなければならなかった。その過程で接してきた言葉は、自分の原点であり人生のかけがえのない財産であることを再確認した。
稲坂晃義（大学教員／東海大吉松研3期生）

えぇっとー、今っぽいんですねっ！w

制作にかかわるやり取りは主にLINEを使った。その中で想像を超える展開にまず思ったことだ。従来とは違い、時代をとらえた過程だったと思う。少ない文字量、スタンプ、間合いがやり取りを盛り上げた。気軽だ。それが完成品にどう影響してるのか、考えることも楽しみのひとつかもしれない。制作にかかわり、気づきを持ってこの本を読めることが嬉しい。
宮本明日香（マーケティングプランナー／東海大吉松研4期生）

とりあえず

世代を越えて、みんなが集まり、言葉が集まった。初めて読んだものでさえ、僕の頭の中では、あの声で再生される。同じようで、同じでない、変わらないようで、変わっていく。言葉とみんなで共有する時間が、断続的につながり、現れた気がした。この小さな本は、これからも語りかけてくる言葉と、みんなの今を書き留めたに過ぎないんだと思う。
齋藤敦（足立区職員／東海大吉松研4期生）

将棋みたい

相手の反応を伺うような含みがあり、ときに拙く判断に困るが、それでも鋭い言葉たち。長い会話やメールとも違う一言での独特なやり取りは、勘違いあり、苛立ちもあり、緊張感あり。なんだか数手先を読み合う高度な将棋を差している感覚だったかもしれない。そう思えたとき、改めてこの本の意義がわかった気がする。名棋譜は描けただろうか。
野口直人（建築家・東海大助教／東海大吉松研5期生）

なんか、改めて刺激的だわ

久しぶりに吉松研究室のメンバーと何度も文章や写真をやり取りする中で、卒業してから時間が経っても学生時代に戻れたように感じた。それは先生との関係も同じで、いつでも内的な言葉で私達を考えさせ、答えまで導いてくれる。そしてでき上がったものは、いつでも私達らしいものになっているのである。考え抜いて生み出したときの先生の反応も楽しみである。
佐久間絵里（地方公務員／東海大吉松研5期生）

連絡が来次第ご報告します

当初は先生の言葉と感想を集めて載せるだけと思いきや、同期や関係先に連絡を取るも連絡がつかない、修正がある、その調整だけでも大分時間がかかった。特に主体となって動いてくれた先輩方は忙しい中大変だったと思う。何より先生からのダメ出しが入った、そうだこの方はそういう人だったと、まるで学生時代に戻ったかのように懐かしく、楽しかった。
浅野まなみ（子育て中／東海大吉松研10期生）

ちょっと大人になった気がした

先生の言葉は短い。その心はなんだろう？と考えさせられる。だからこそ記憶に残っているのかもしれない。今回語録を集めながら学生のときのことを思い出してみると、当時よりも先生の言っていたことが分かった気がした。この語録集をこれから読み返す度に、また少し分かることが増えていくのかなと思うと、大人になることが楽しみになった。
板部奈津希（建設コンサルタント／東海大吉松研14期生）

著者一覧（五十音順）

●東海大学
吉松研究室6-19期生
明永瞳(164)
浅野まなみ(153, 158)
浅野目裕介(12)
天野鈴瀬(135)
安藤友里香(146)
安藤晋一郎(18)
飯澤彩子(116)
池田雄馬(57)
石井雄太(56)
石井一哉(82)
石田志織(110, 180, 200)
板部奈津希
(48, 73, 86, 136, 142, 149, 178, 194)
稲谷彩子(76, 105, 108)
今泉秀哉(141)
井村英之(102)
岩崎達(38, 140)
宇谷淳(110)
内田恭平(52)
内田航平(86)
遠藤啓介(200)
圓道寺ゆみ(116, 124)
王欣(38, 133)
大越菜央(115)
大澤篤史(26, 33, 102)

大沼由実(45, 118, 198)
大野正樹(180)
小川ルビ(13, 72)
小川恭平(195)
落合拓也(25, 42, 55, 158)
小野里紗(30, 44, 77, 138)
葛城麻耶(67)
加藤隼之介(117, 189)
金子玲子(52, 184)
金箱達也(79)
上村拓(20, 87)
川音郁弥(38, 120)
川福拓(54)
菊地亮太(130)
北澤諒(32, 103, 136)
日下部玲奈(38, 130)
久保田恵里(76)
熊谷亜耶(10)
倉地俊明(127)
黒岩友紀
(12, 51, 63, 80, 114, 154, 164)
越田尊心(144, 167)
小島尚(18, 104, 192)
後藤綾(159)
小林祥子(198)
小林詩織(123)
小林貴史(111)

小松祐太(99, 203)
小松寬征(186, 194)
今野未奈美(56, 150, 168)
佐長秀一(89, 186)
坂井恭子(170)
坂田顕陽(44)
坂田旭(31, 120, 173)
相良和彰(34)
桜井省吾(21)
桜井悠一(30)
佐々木美幸(188)
里吉仁(128)
志田珠里(58)
澁谷和馬(72, 199)
澁谷年子(71, 124)
清水佑基(78)
白井由惟(60)
杉江隆成(28, 38, 58)
関口朋実
(84, 118, 126, 144)
曽根田恵(183, 202)
高岡尚史(20, 34)
高野菜菜美(8, 85)
高橋昌大(43)
寳優樹(16, 138, 192)
武井健太郎(60, 62, 84)
田澤莉奈(74, 151)

谷章生(90)
玉江将之(78)
鶴巻穂(88, 150)
出澤雄太(11, 90, 202)
内藤もも(14, 38, 122)
中里祐輝(38, 187)
中西智子
(29, 81, 94, 100, 131, 172)
中野諒八(36)
中畑真琴(82)
中林紘美(176)
中村浩貴(178, 181)
中丸大輔(50, 88, 95)
名畑碧哉(16)
野川栞里(166)
橋本未来(101, 156)
半田千尋(10, 108, 146, 166)
藤井啓和(42)
藤田江里子(70, 188)
古水優(152)
堀野健一(38, 125)
増井裕太(14, 98)
増澤克明(106)
増田裕樹(23, 68)
丸山紗季(26, 175)
丸山佳奈子(46)
三木友親(47, 148, 174)

水野悠一郎(22)
峯尾穂香(134)
宮澤祐子(40, 145, 182)
望月香里(196)
本井加奈子(54, 94, 152)
八木優介(53, 93, 179)
安田淑乃(66)
谷中田浩平(170)
山川夏樹(36, 37, 38, 96)
山田佳奈(98, 128, 136, 148)
山田匠(48)
横溝惇(19, 40, 184)
吉田圭吾(39, 106, 134)
吉田翔太(24, 38)
四本美紀(46)
米本雅喬(156)
李英殷(100)
力石和之(28, 35)
若月優希(176)
脇島勝彦(140, 196)
和田[田中]香織(70)
渡邊修太(50, 96)
渡邊修一(142, 174)
渡邊拓也(68, 74, 126)
渡部薫美(104)

他研究室
猪狩渉(143)
斉藤詩織(62, 157)
島田真純(172)
深川絵里香(162)
横山綾子(171)
山口智子(197)

●日本女子大学
井口菜々子(69, 137, 165)
倉田加奈子(168)
佐屋香織(109)
進藤理奈(15, 92)
高康万葉(132, 191)
武田基杏(119)
中島由貴(24)
畑裕子(163)
村越万里子(61)
山口紗由(190)
脇本夏子(9)

足で考える ― 吉松秀樹の言葉
Think by feet - Hideki Yoshimatsu sayings

発行日	2019年11月25日　第1版発行
著者	吉松秀樹　他145人
編集	吉松秀樹／中坪多恵子／狩野朋子／平澤暢／宮本明日香／齋藤敦 野口直人／海老沢有吾／浅野まなみ／佐久間絵里／板部奈津希
編集協力	田村順子／番場俊宏／首藤愛／山下貴成／谷章生／宮澤祐子 石田志織／北澤諒／稲谷彩子／澁谷年子／澁谷和馬／内田恭平 増井裕太／増田裕樹／野川栞里／関口朋実／若月優希／大沼由実 出澤雄太／小松祐太／小野里紗／丸山紗季／山川夏輝／内藤もも (学年順) 山口紗由／遠藤幹子 株式会社フリックスタジオ（高木伸哉／石田貴子／田畑実希子）
英訳	稲坂晃義／木内里美／武田清明／北澤諒／吉田圭吾／稲谷彩子／王欣
デザイン	吉松秀樹／中坪多恵子／上松瑞絵
ディバイダー写真	岡本隆史
印刷・製本	藤原印刷株式会社
発行	『手と足で考える』出版実行委員会（吉松秀樹研究室OBOG会） info@yoshimat.com
販売	株式会社フリックスタジオ 〒107-0052　東京都港区赤坂6-6-28-6B　TEL 03-6229-1503（販売部）

ISBN978-4-904894-47-7
©2019, Hideki Yoshimatsu

本書掲載内容を著作権者の承諾なしに無断で転載（翻訳、複写、インターネットでの掲載を含む）することを禁じます。
All rights reserved. No part of this book may be reproduced or utilized in any form or by any information storage or retrieval system, without prior permission in writing from the copyright holders.